日语专业系列教材

普通高等教育"十一五"国家级规划教材
普通高等教育精品教材

日本语听力

第四版

学生用书　第一册

主　编　徐敏民
副主编　沙秀程　守内映子
编　者（按姓氏笔画排列）
　　　　占部匡美　守内映子　沙秀程　徐敏民

华东师范大学出版社
·上海·

图书在版编目(CIP)数据

日本语听力学生用书.第一册/徐敏民主编.—4版.
—上海:华东师范大学出版社,2020
ISBN 978-7-5760-0442-7

Ⅰ.①日… Ⅱ.①徐… Ⅲ.①日语-听说教学-高等学校-教材 Ⅳ.①H369.9

中国版本图书馆 CIP 数据核字(2020)第 084012 号

日本语听力学生用书·第一册(第四版)

主　　编　徐敏民
责任编辑　孔　凡
封面设计　卢晓红
插　　图　叶超婧

出版发行　华东师范大学出版社
社　　址　上海市中山北路 3663 号　邮编 200062
网　　址　www.ecnupress.com.cn
电　　话　021-60821666　行政传真 021-62572105
客服电话　021-62865537　门市(邮购)电话 021-62869887
地　　址　上海市中山北路 3663 号华东师范大学校内先锋路口
网　　店　http://hdsdcbs.tmall.com

印 刷 者　杭州日报报业集团盛元印务有限公司
开　　本　787 毫米×1092 毫米　1/16
印　　张　12.25
字　　数　256 千字
版　　次　2020 年 11 月第 1 版
印　　次　2024 年 7 月第 8 次
书　　号　ISBN 978-7-5760-0442-7
定　　价　39.00 元

出版人　王　焰

(如发现本版图书有印订质量问题,请寄回本社客服中心调换或电话 021-62865537 联系)

出版说明

《日本语听力》教材初版于1998～2001年间，再版于2007～2008年间。其间，被评为普通高等教育"十一五"国家级规划教材。历经8年，2015～2016年间，进行了第三版次的修订。时光荏苒，本次为第四版次修订。

该教材初版之际，其编写工作即得到了日本国际交流基金会的大力支持，每册主编均应邀赴日，在日本语言和文化学界一流专家的指导下，几易初稿直至通过审核定稿。教材一经出版，即得到了国内日语界的广泛认可，每册教材多次印刷，成为我国高校日语专业听力课程的首选教材。

随着时间的推移，日本的社会文化发生了巨大的变化，中国日语教学理念不断更新，广大日语教师在使用过程中有诸多心得，也积累了不少经验，为了满足日语教育的需求，2007年我们进行了修订，是为第二版。将教材的结构由原来的五册改为四册；修订后的"教师用书"改为"教学参考书"，每册均配套CD光盘（并有磁带供选用）。针对日语教学现状和需求，2015年，在广泛征求高校教师的意见和建议的基础上，我们再次启动了第三版的修订工作。每一册修订幅度均在50%以上。根据广大日语专业师生的反馈，我们调整了入门篇与第一册、第二册之间的难度衔接；每册均配套CD光盘。特别值得一提的是，在第三版修订时我们注重贴近日语国际能力考试的教学需求，不仅调整了听力材料的难度，更增加了部分日语国际能力考试听力题型。

本次第四版修订仍旧保持前两版的结构，即入门篇（主编沙秀程　日本九州女子大学教授）、第一册（主编徐敏民　华东师范大学教授）、第二册（主编杜勤　上海理工大学教授）和第三册（主编侯仁锋　日本广岛大学教授、主编梁高峰　西安电子科技大学副教授）。本次修订各册均更新了部分题型，题目设计更加合理、科学，力求提供真实的听力材料，贴近当下日本社会的现状。同时根据时代发展和学习需求，更新CD光盘为配套APP，下载音频资源至本地，离线也能随时随地训练听力。

我们相信,本次修订后的教材会以更高的质量呈现在广大读者面前,为加强国际传播能力建设,全面提升国际传播效能,形成同我国综合国力和国际地位相匹配的国际话语权,为我国的日语教育作出更大的贡献。我们真诚地希望日语教育的专家、学者以及广大读者继续对本教材提出宝贵的意见,以便不断改进,精益求精。

华东师范大学出版社

2020 年 10 月

前言

《日本语听力》第一册第一版在日本国立国语研究所所长甲斐睦朗教授的指导下于1998年正式出版问世,时逢我国日语教育全面发展鼎盛期。这对弥补当时日语教材严重匮乏的情况而言可谓是雪中送炭,也为我国日语听力教材开发奠定了基础。

1999年为满足广大社会学习者的需求,该教材由徐敏民教授和沙秀程教授改编成广播教材,在上海人民广播电台和江苏人民广播电台播讲,取得了良好的效果。2000年,该教材获得上海市优秀教材奖,2001年又获华东师范大学教学成果奖。

2006年《日本语听力》第一册第二版在保留原有精华部分的基础上进行全面修订,2007年列入普通高等教育"十一五"国家级规划教材,2008年荣获国家级精品教材。作为高校指定首选教材,深受广大师生的好评与厚爱,实为我国日语人才培养发挥了引领性作用。

为顺应新时代发展,培养具有综合语言运用能力的国际化人才,2016年《日本语听力》第一册第三版结合以"Can-do"为理念的教学改革,将听、说、读、写融为一体,对内容作了50%以上的更新及充实;新设日语能力测试题以及介绍日本社会文化等语篇,以期拓宽学生国际视野,提升教学实效及学习兴趣。

第四版修订之际,适逢我国外语教学提出"核心素养"理念,即培养学生具有国际视野、思维能力、交际能力、学习能力的新目标。鉴于此,本教材对第Ⅳ部分核心内容情景会话语篇,结合每课主题作了全面修改。力求教材更具统一性,便于学生围绕主题进行拓展性交流,旨在培养学生思辨能力、自主学习能力和综合语言表达能力。

本教材的主要特色:一是打破以往初级教材以培养听力为核心的编写模式,选用大量会话题材,通过听说互动形式,提高学习者思维与表达能力;二是要求学习者通过听力会话,把握信息内涵,理解情景中的人物关系,用自然得体的语言进行交流;三是图文并茂,结合句型、语法循序渐进,使教材结构严谨,具有统一性;四是内容新颖、题材广泛、语言纯正、形式多样,具有创造性和前瞻性。

本册教材分为30课,1～15课主要以学习者熟悉的话题及代表日本文化象征等内容为主;之

后15课从比较视角,对照中日两国不同社会状况及其实际问题。本教材是由"学生用书"和"教学参考书"组成,除了供高校日语专业一年级下学期、二年级上学期使用外,还适用于广大业余日语学习者。各课内容由如下几个部分构成:

☆【导入】
让学生通过辨听,迅速写出能概括该同类近义词的词汇。

Ⅰ【插图会话】
每课设有4幅插图,让学生根据会话内容选择正确答案。

Ⅱ【短文会话】
每课设有3段小对话,让学生根据会话内容选择正确答案。

Ⅲ【情景会话】
此部分结合日语能力测试题,选用大量中级词汇、语法、句型,由浅入深,循序渐进。设定的实际会话情景,要求学习者在理解对方信息、意图、情感的基础上听说结合,加深对日本生活习惯与文化的理解,培养学习者的日语语感。

Ⅳ【话题对话】
此部分设定的情景会话语篇是每课课文的重点,列出几个关键词,便于学生在听解会话内容之前掌握一定背景知识。本次修订结合课文主题进行的全面修改,使内容更加统一与完善,以便学生在理解中日两国文化的基础上进一步拓展。

Ⅴ【填写句子】
此部分是根据每课课文标题撰写的小短文。题材丰富、内容新颖、充分反映了日本社会的热门话题及所面临的各种问题。此部分不仅要求学习者掌握所听内容,而且应结合对日本社会的理解,表达自己的观点,提高学习者思辨能力以及听读(输入)、说写(输出)综合语言运用能力。

Ⅵ【附加题】
此部分通过简短对话回答问题的形式,培养学生的语感和交际能力。

Ⅶ【专栏】
每5课设1个专栏,以其扩大学习者的知识面。同时通过拓展练习,提高学习者对不同文化

的理解与表达能力。

　　本教材编写的具体分工：沙秀程（九州女子大学教授）、占部匡美（近畿大学兼职讲师）负责导入、Ⅰ～Ⅱ部分；徐敏民（华东师范大学教授）、守内映子（日本映画大学副教授）负责Ⅲ～Ⅵ、专栏和单词部分。

　　在本教材付梓之际，感谢华东师范大学出版社社长王焰、编辑孔凡的鼎力协助。本教材力图运用外语教学最新理念，体现教师的教学观与学生的学习观。本教材的出版若能对促进学习者听说能力的培养有所启示，我们将为此感到荣幸。同时，恳请广大读者提出宝贵意见，以便本教材在实际使用中日臻完善。

徐敏民

2020 年 10 月吉日

目次

1	第1課　自己紹介
6	第2課　連休
10	第3課　病院
14	第4課　日本の気候
18	第5課　旅行
23	第6課　贈り物
27	第7課　電話
31	第8課　留学生活
35	第9課　日本料理
39	第10課　勉強
44	第11課　買い物
48	第12課　手紙
52	第13課　引っ越し
56	第14課　面接
60	第15課　富士山
65	第16課　お祭り

69	第17課　配達
73	第18課　ブログ
77	第19課　運動会
81	第20課　北海道
86	第21課　日本の学校教育
90	第22課　お正月
95	第23課　日本の祝日
100	第24課　コインランドリー
105	第25課　情報化社会
110	第26課　若者のファッション
115	第27課　ポップカルチャー
120	第28課　卒業式
125	第29課　企業文化
130	第30課　日本の家庭
135	単語リスト

第1課　　　自己紹介

ウォーミングアップ

☆　次の単語を聞いて共通のトピックを答えなさい。

例　パソコン　　机　　椅子　　先生　　学生　　黒板

　　答え（　　教室　　）

1. 答え（　　　　　　）

問題 I　絵を見て、正しい答えを一つ選びなさい。

質問　佐藤さんはどの人ですか。

① 　　　② 　　　③ 　　　④

答え（　　　　　　）

問題 II　録音を聞いて、あとの問いの答えの中から、正しいものを一つ選びなさい。

1. 東京へは何時の便で行かれますか。

　　　　　　　　　　　　　　　　　　　　　　　　　　　答え（　　　　　）

2. ここから上野公園まではどのくらいかかりますか。

　　　　　　　　　　　　　　　　　　　　　　　　　　　答え（　　　　　）

3. バスの運転が終わるのは何時頃ですか。

　　　　　　　　　　　　　　　　　　　　　　　　　　　答え（　　　　　）

問題 III　あなたは授業の後、日本語チューターの田中さんと話しています。会話を聞いて、適切な答えを選びなさい。

1. あなた：夕べの地震は怖かったですねえ。大丈夫でしたか。
　　田中：♪
　　あなた：　　　　　　　　　　　　　　　　　　　　　答え（　　　　　）
　　　　a. 夕べはルームメートと初めて日本料理を作って食べました。
　　　　b. 今朝のテストのために、勉強していました。

2. あなた：受付けのところで話をしていたのは誰ですか。
　　田中：♪
　　あなた：　　　　　　　　　　　　　　　　　　　　　答え（　　　　　）
　　　　a. 新入生はフィリップさんですね。
　　　　b. あの人がフィリップさんですか。

3. あなた：いつ図書館へ本を借りに行きますか。
　　田中：♪
　　あなた：　　　　　　　　　　　　　　　　　　　　　答え（　　　　　）
　　　　a. 田中さんはあまり本を読みませんね。
　　　　b. じゃ、私もそうします。ご一緒してもいいですか。

4. あなた：引っ越しは来週の週末でしたね。何曜日ですか。
   田中：♪
   あなた： 　　　　　　　　　　　　　　　　　　　　　　　　　答え（　　　　）
      a. そうですか。土曜日はちょっと忙しくて。すみません。
      b. そうですか。手伝いに行きますね。

5. あなた：中国からの手紙、どうでしたか。
   田中：♪
   あなた： 　　　　　　　　　　　　　　　　　　　　　　　　　答え（　　　　）
      a. 読む前に、バッグを見せてください。
      b. 一緒に見ましょうか。

問題 IV　先生は学生を紹介しています。みなさんの自己紹介を聞いて、適切な答えに○をつけなさい。

キーワード
メンバー　　キャリアデザイン　　出身　　工学部　　専門　　専攻　　東洋史
バスケ　　異文化コミュニケーション　　機械工業　　食事会　　そのうち

1. 話の内容と合っているものに○をつけなさい。

①	②	③	④

2. 質問に答えなさい。
① フィリップさんの趣味はサッカーですか。
② 田中さんの専攻はキャリアデザインですか。
③ 鈴木さんの出身はどこですか。

問題 V　録音を聞いて、文を完成しなさい。

私の名前は＿＿＿＿＿＿です。今＿＿＿＿＿＿の３年生で、＿＿＿＿です。＿＿＿＿＿＿

＿＿＿＿＿を専攻しています。性格は、明るくて＿＿＿＿＿とよく友だちに言われます。＿＿＿＿＿の出身なので、大学の寮に入っています。ルームメートは、＿＿＿＿＿＿＿＿のマージョリーです。彼女は、少し＿＿＿＿＿＿ですが、＿＿＿＿＿＿料理が上手です。私たちは時々友だちを招待して＿＿＿＿＿＿を開いています。ですから、色々な国の友だちの輪が広がって＿＿＿＿＿できるので、とても楽しいです。

話しましょう

1. この人はどんな人ですか。また、ルームメートはどんな人ですか。
2. あなたは、どんな国の人と友だちになりたいですか。それはなぜですか。

もういっぱい

1. 次の会話を聞いて、あとに続く言葉を①、②から選びなさい。

例　A:今度の夏休み、みんなで温泉に行かない？
　　B:温泉かあ。いいけど…
① 実は、あまり温泉好きじゃないんだ。
② 楽しみだなあ。

　　　　　　　　　　　　　　　　　　　　　答え（　①　）

♪
　　　　　　　　　　　　　　　　　　　　　答え（　　　）

2. 次のスキットを聞いて、何について話しているか、最も適当だと思う話題を選びなさい。
【言葉:大掃除　　お見舞い】
【～てもいい:許可】

例　夫:なあ、日曜日に家の大掃除するって言ってたよなあ。
　　妻:うん。あっ…もしかして。
　　夫:ものすごく悪いんだけど、来週にしてもいい？ ごめん。
　　妻:えっ、なんで?
　　夫:どうしても、週末にやらなくちゃいけない仕事があってさー。ほら、土曜日は、おばあちゃんのお見舞いに行くことになってるだろ。
　　妻:えー。

夫:ごめん。来週の週末は絶対に空けとくからさー。
妻:来週、絶対だよ。
① 掃除　　　　　② お見舞い

答え（　①　）

【言葉:ダイエット　　お祝い】
【～たいです:願望】【～から:原因・理由】
♪

答え（　　　）

第2課　　　　　連休

ウォーミングアップ

☆　次の単語を聞いて共通のトピックを答えなさい。

答え（　　　　）

問題 1　絵を見て、正しい答えを一つ選びなさい。

質問　男の人は文房具店で何を買いましたか。

答え（　　　　）

第2課　連休

問題 II　録音を聞いて、あとの問いの答えの中から、正しいものを一つ選びなさい。

1. 井上さんは、水曜日に大阪に行きますよね。

　　　　　　　　　　　　　　　　　　　　　　　　　　　答え（　　　）

2. 足、どうしたんですか。

　　　　　　　　　　　　　　　　　　　　　　　　　　　答え（　　　）

3. この週末の天気はどうですか。

　　　　　　　　　　　　　　　　　　　　　　　　　　　答え（　　　）

問題 III　あなたは日本語ボランティアの木村さんと話しています。会話を聞いて、適切な答えを選びなさい。

1. 木村：♪

　あなた：大変ですが、おもしろいです。最近、アルバイトの募集を見ています。

　木村：♪

　あなた：　　　　　　　　　　　　　　　　　　　　　答え（　　　）

　　　a. いえいえ、友だちに教えることができますよ。
　　　b. いえいえ、友だちに教えてもらいながらですよ。

2. 木村：♪

　あなた：はい。同じ学年のカンさんやキムさんもここに住んでいます。

　木村：♪

　あなた：　　　　　　　　　　　　　　　　　　　　　答え（　　　）

　　　a. 私のところは、カンさんの部屋より少し狭いですが、キムさんの部屋より広いです。
　　　b. 私のところは、カンさんやキムさんの部屋ほど明るくないです。

3. 木村：♪

　あなた：はい、共同で使える台所があります。

木村:♪

あなた: 　　　　　　　　　　　　　　　　　　　　　答え（　　　　）

  a. はい、食べるのが大好きです。

  b. いいえ、食べるのは得意ですが、作るのは苦手です。あまりやりません。

4. 木村:♪

 あなた:ありがとうございました。そろそろ帰ります。

 木村:♪

 あなた: 　　　　　　　　　　　　　　　　　　　　答え（　　　　）

  a. 遅くなりましたから、帰ります。

  b. いつも帰っていますから、問題ないですよ。

5. 木村:♪

 あなた:お腹の調子が悪かったんです。

 木村:♪

 あなた: 　　　　　　　　　　　　　　　　　　　　答え（　　　　）

  a. いいえ。よくなりましたから、大丈夫です。

  b. はい。もうよくなりました。ありがとうございます。

問題 IV　あなたは留学生の王です。道を尋ねてから買い物をします。次の会話を聞いて、適切な答えに○をつけなさい。

キーワード

土屋カバン　　交差点　　茶色　　求める　　A4サイズ　　書類　　消費税
財布　　預かる　　包む　　ブルー　　リボン　　かしこまりました

1. 話の内容と合っているものに○をつけなさい。

①	②	③	④

2. 質問に答えなさい。

① 王さんは何を買いましたか。

② 全部でいくらですか。
③ 王さんが買った物は、自分で使う物ですか。

問題 V　録音を聞いて、文を完成しなさい。

　日本では、4月の末から5月の初めに_____の連休があり、「_____」と呼んでいます。この連休を利用して、多くの人が_____に遊びに行きます。私も、_____に行く計画を立てています。ですが、_____日本人のクラスメートから「やめたほうがいい」と言われ迷っています。とても_____ので_____が長くて大変だそうです。秋には、_____生じる「_____」という連休もあるので、その時まで_____と考えるようになりました。

話しましょう

1. この人は連休にどこへ行きたいと思っていますか。
2. あなたの国の連休について話しましょう。

もういっぱい

1. 次の会話を聞いて、あとに続く言葉を①、②から選びなさい。
♪
答え（　　　　）

2. 次のスキットを聞いて、何について話しているか、最も適当だと思う話題を選びなさい。
【言葉:重い　　説明】
【～そう:外観からの推測】【～て:原因・理由】
答え（　　　　）

第3課　病院

ウォーミングアップ

☆　次の単語を聞いて共通のトピックを答えなさい。
答え（　　　　　）

問題 I　絵を見て、正しい答えを一つ選びなさい。

質問　女の人は昨日ジュースを何本買いましたか。

答え（　　　　　）

問題 II　録音を聞いて、あとの問いの答えの中から、正しいものを一つ選びなさい。

1. あそこにあるのは誰の車ですか。

　　　　　　　　　　　　　　　　　　　　　　　　　　　　答え（　　　）

2. 昨日のコンサートはどうでしたか。

　　　　　　　　　　　　　　　　　　　　　　　　　　　　答え（　　　）

3. 今日はどうしてエレベーターが動いていないんですか。

　　　　　　　　　　　　　　　　　　　　　　　　　　　　答え（　　　）

問題 III　あなたは日本語ボランティアの木村さんと話しています。会話を聞いて、適切な答えを選びなさい。

1. あなた：木村さんは、日曜日はたいていどんなことをするんですか。

　　木村：♪

　　あなた：そうなんですか。意外です。

　　木村：♪

　　あなた：　　　　　　　　　　　　　　　　　　　　　答え（　　　）

　　　　　a. 木村さんは、活動的ですね。

　　　　　b. また日本料理の作り方を教えてくださいね。

2. あなた：映画のチケットを先輩からもらったんですが、一緒に行きませんか。

　　木村：♪

　　あなた：あさっての夜6時です。

　　木村：♪

　　あなた：　　　　　　　　　　　　　　　　　　　　　答え（　　　）

　　　　　a. 分かりました。じゃあ6時半まで、映画館で待っています。

　　　　　b. 分かりました。じゃあ5時半までに、映画館に行きますね。

3. あなた：今朝、人身事故で電車が止まってしまいました。

　　木村：♪

　　あなた：それが、30分も遅刻してしまいました。

　　木村：♪

　　あなた：　　　　　　　　　　　　　　　　　　　　　答え（　　　）

　　　　　a. へえ、すごいですね。人身事故だから仕方ないですね。

b. へえ、やはり早目に出かけたほうがいいですね。

4. あなた：先日、昔通っていた小学校に行きました。
　　木村：♪
　　あなた：運動場が整備されたり、新しい図書館ができたりして、すっかりきれいになりました。でも、昔の学校が懐かしいなあ。
　　木村：♪
　　あなた：　　　　　　　　　　　　　　　　　　　　　　答え（　　　　　）
　　　　a. そうですね。新しい学校が増えましたね。
　　　　b. そうですね。小学校時代は、よく友達と遊んだりけんかしたりしましたから。

5. あなた：その写真、木村さんのお宅ですか。素敵ですね。
　　木村：♪
　　あなた：何人家族ですか。
　　木村：♪
　　あなた：　　　　　　　　　　　　　　　　　　　　　　答え（　　　　　）
　　　　a. そうですか。それなら、大丈夫ですね。
　　　　b. そうですか。それなら、引っ越しを考えていますか。

問題 IV　あなたは王さんです。風邪で病院に来ました。お医者さんとの会話を聞いて、適切な答えに○をつけなさい。

キーワード
寒気　鼻水　症状　昨夜　解熱剤　要る　調子

1. 話の内容と合っているものに○をつけなさい。

①	②	③	④

2. 質問に答えなさい。
① 王さんは昨夜どんな症状でしたか。
② 今はどんな様子ですか。

③ 何日休めば治るとお医者さんは言いましたか。

問題 Ⅴ　録音を聞いて、文を完成しなさい。

　外国で生活するとき、_____のは病気になったときです。私は先週、胃が痛くて_____もしたので、近くの中央病院で診察を受けました。受け付けでは、_____に氏名などの_____を記入し、_____と一緒に出す_____が必要でした。診察の結果によると、普通の風邪に加えて留学による_____が原因だということでした。適当に運動したり、音楽を聴いたりして_____時間を作ることが重要だそうです。食事の_____に気をつけながら、_____と錠剤を_____飲むことになりました。

話しましょう

1. 日本の病院の受け付けで提出するものは何ですか。
2. あなたが病気にならないように気をつけていることについて話しましょう。

もういっぱい

1. 次の会話を聞いて、あとに続く言葉を①、②から選びなさい。
　♪
　　　　　　　　　　　　　　　　　　　　　　　　　　答え（　　　　）

2. 次のスキットを聞いて、何について話しているか、最も適当だと思う話題を選びなさい。
【言葉：レポート　　パソコン入力】
【～てしまいます：残念な気持ち】
　　　　　　　　　　　　　　　　　　　　　　　　　　答え（　　　　）

第4課　　日本の気候

ウォーミングアップ

☆　次の単語を聞いて共通のトピックを答えなさい。
答え（　　　　）

問題 1　絵を見て、正しい答えを一つ選びなさい。

質問　大学の電話は何番ですか。

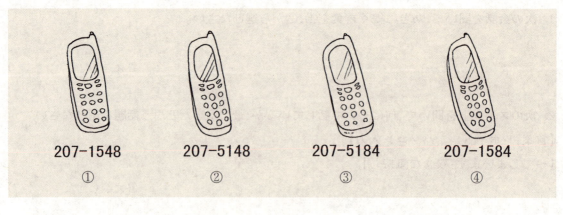

207-1548　　207-5148　　207-5184　　207-1584
　①　　　　　②　　　　　③　　　　　④

答え（　　　　）

第4課　日本の気候

問題 II　録音を聞いて、あとの問いの答えの中から、正しいものを一つ選びなさい。

1. 何冊まで本の貸し出しが出来るのですか。

答え（　　　　　）

2. どのような食べ物が健康にいいですか。

答え（　　　　　）

3. もう一杯コーヒーをいかがですか。

答え（　　　　　）

問題 III　あなたは授業の後、日本語チューターの田中さんと話しています。会話を聞いて、適切な答えを選びなさい。

1. あなた：田中さんは卒業したら、就職を考えていますか。
   田中：♪
   あなた：　　　　　　　　　　　　　　　　　　　　　答え（　　　　　）
   　a. そうですか。私は日本語に関係のある仕事を探してみるつもりです。
   　b. そうですか。私も大学関係の仕事を探してみるつもりです。

2. あなた：田中さんが今一番ほしいものは何ですか。
   田中：♪
   あなた：　　　　　　　　　　　　　　　　　　　　　答え（　　　　　）
   　a. そういえば、鈴木さんも新しくて操作が簡単な携帯を買うつもりです。
   　b. そういえば、鈴木さんも新しくて操作が簡単な携帯をほしがっていました。

3. あなた：明日、何か予定がありますか。
   田中：♪
   あなた：　　　　　　　　　　　　　　　　　　　　　答え（　　　　　）
   　a. 大変ですね。一緒に買い物に行きませんか。
   　b. 大変ですね。私はポールさんと買い物に行こうと思っているのですが、田中

さんは難しいですね。

4. あなた：やっと暖かくなりましたね。
   田中：♪
   あなた：　　　　　　　　　　　　　　　　　　　　答え（　　　　）
   　　a. そうですね。桜が楽しみです。
   　　b. そうですね。風邪を引かないようにしましょう。

5. あなた：もう10時半ですが、王さんはまだ来ないですね。
   田中：♪
   あなた：　　　　　　　　　　　　　　　　　　　　答え（　　　　）
   　　a. 連絡をしてみましょうか。
   　　b. いつも通りですよ。

問題 IV

あなたは日本人のルームメートと気候について話しています。会話を聞いて、適切な答えに○をつけなさい。

キーワード
近付く　　全然　　暖冬　　鹿児島県　　高知県
記事　　載る　　真冬　　オーバー　　マフラー

1. 話の内容と合っているものに○をつけなさい。

①	②	③	④

2. 質問に答えなさい。
① 今年の日本の冬はどんな状態ですか。
② 鹿児島県や高知県などでは、雪が降るとどうなりますか。
③ 沖縄の冬の様子を紹介してください。

問題 V　録音を聞いて、文を完成しなさい。

　日本は_____の東の端にあり、南北に_____国です。周りを海に_____、北から北海道、本州、四国、九州という大きな島からできているので、_____と呼ばれています。日本では、春、夏、秋、冬の_____がはっきりとしています。_____に咲く桜が有名です。_____になると、梅雨と言って、_____が続きますが、北海道には梅雨がありません。また、_____の日本には、_____がよくやって来ます。冬になると、_____には雪が降ります。ですが、一番南にある_____はあまり寒くならず、雪はほとんど降りません。

話しましょう

1. 日本の気候の特徴は何ですか。
2. 中国と日本の気候の違いについて話しましょう。

もういっぱい

1. 次の会話を聞いて、あとに続く言葉を①、②から選びなさい。
　♪

　　　　　　　　　　　　　　　　　　　　　　　　　　答え（　　　　）

2. 次のスキットを聞いて、何について話しているか、最も適当だと思う話題を選びなさい。
【言葉：おしゃれ　　散髪　　ファッション】
【〜るつもりです：意志】【〜なら：条件】

　　　　　　　　　　　　　　　　　　　　　　　　　　答え（　　　　）

第5課　　旅行

ウォーミングアップ

☆　次の単語を聞いて共通のトピックを答えなさい。

答え（　　　　　）

問題 I　絵を見て、正しい答えを一つ選びなさい。

質問　空港までタクシー代はいくらですか。

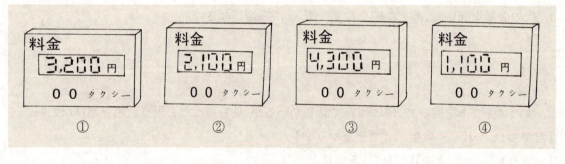

① ② ③ ④

答え（　　　　　）

第5課　旅行

問題 II　録音を聞いて、あとの問いの答えの中から、正しいものを一つ選びなさい。

1. あなたは仕事に行く時によく自転車に乗りますか。

　　　　　　　　　　　　　　　　　　　　　　　　　　　答え（　　　　）

2. すみませんが、少しお時間がありますか。

　　　　　　　　　　　　　　　　　　　　　　　　　　　答え（　　　　）

3. 会社まで行くのにどのくらいかかりますか。

　　　　　　　　　　　　　　　　　　　　　　　　　　　答え（　　　　）

問題 III　あなたは日本の大学の寮に引っ越してきました。寮の管理人さんと話しています。会話を聞いて、適切な答えを選びなさい。

1. あなた：すみません。洗濯をしたいんですが、どこでできますか。

　　管理人：♪

　　あなた：　　　　　　　　　　　　　　　　　　　　答え（　　　　）

　　　　a. はい、分かりました。ごみは分けなくてもいいですね。

　　　　b. はい、分かりました。ペットボトルとカンは分けますね。

2. あなた：調理室の電気ポットを借りてもいいですか。

　　管理人：♪

　　あなた：　　　　　　　　　　　　　　　　　　　　答え（　　　　）

　　　　a. じゃ、ポットをお借りします。

　　　　b. じゃ、ここで使います。

3. あなた：あのう、すみません。明日の夕方、コミュニティールームを使いたいんですが、大丈夫ですか。

　　管理人：♪

　　あなた：　　　　　　　　　　　　　　　　　　　　答え（　　　　）

　　　　a. 分かりました。食事はしてもいいということですね。

b. 分かりました。6時から8時の予定なので問題ないですね。

4. あなた：入り口の電気を切ってもいいですか。
　　管理人：♪
　　あなた：　　　　　　　　　　　　　　　　　　　　　　　　　答え（　　　　　）
　　　a. では、そのままにしたほうがいいですね。
　　　b. では、消したほうがいいですね。

5. あなた：すみません、今日、燃えないごみを出してもいいですか。
　　管理人：♪
　　あなた：　　　　　　　　　　　　　　　　　　　　　　　　　答え（　　　　　）
　　　a. 燃えるごみは今日ですね。ちょうど良かった。
　　　b. 分かりました。これは、来週の木曜日に出します。

問題 IV　あなたは李さんです。大学の先輩と話しています。会話を聞いて、適切な答えに○をつけなさい。

キーワード
奈良　　新幹線　　高速バス　　満開　　ライトアップ
神秘的　　感動する　　散策　　充実

1. 話の内容と合っているものに○をつけなさい。

①	②	③	④

2. 質問に答えなさい。
① 李さんは先週どのようにして奈良に行きましたか。それは、なぜですか。
② 奈良はどんな町ですか。
③ 李さんの旅行はどうでしたか。

問題 V　録音を聞いて、文を完成しなさい。

　日本に旅行する_____に一番_____場所は京都です。京都は_____古い町で、有名な_____がたくさんあります。例えば、金閣寺、_____、清水寺、平安神宮などですが、最近は、伏見稲荷神社が人気の_____です。それから、京都には_____もたくさんあり、特に、7月の_____は有名です。その祇園では、観光客が_____に着替えて_____ことのできる_____が始まりました。外国人だけでなく、日本人の若い旅行者達にも_____そうです。

話しましょう

1. 外国人が京都を好きな理由は何だと思いますか。
2. あなたが日本に旅行するとしたら、どんな所に行きたいですか。

もういっぱい

1. 次の会話を聞いて、あとに続く言葉を①、②から選びなさい。
　♪
　　　　　　　　　　　　　　　　　　　　　　　　　答え（　　　　）

2. 次のスキットを聞いて、何について話しているか、最も適当だと思う話題を選びなさい。
【言葉:特別　季節　梅雨が明ける　仕方ない】
【～くなります:変化】【～たり～たりする:動作、状態の反復】
【～のに:逆接】
　　　　　　　　　　　　　　　　　　　　　　　　　答え（　　　　）

コラム

京　都

　　京都は日本の古い町です。そして、静かな町です。京都には有名なお寺や神社がたくさんあります。例えば、金閣寺、銀閣寺、清水寺、平安神宮などです。それからいろいろな祭りもあります。5月には葵祭、7月には祇園祭、8月にはお盆の五山送り火（中でも東山如意ヶ嶽の大文字が代表格）、10月には時代祭があります。特に祭りの時は京都の町全体がたいへん賑やかになります。

ロールプレー

1. 京都の祭りについて話してください。
2. 京都と東京の違いについて話してください。

第6課　贈り物

ウォーミングアップ

☆　次の単語を聞いて共通のトピックを答えなさい。
答え（　　　　　　）

問題 1　絵を見て、正しい答えを一つ選びなさい。

質問　男の人はどの時計を買いますか。

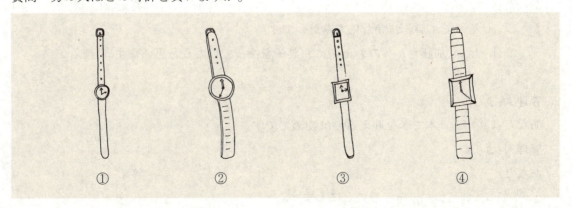

答え（　　　　　　）

問題 II　録音を聞いて、あとの問いの答えの中から、正しいものを一つ選びなさい。

1. この本をどこで手に入れましたか。

　　　　　　　　　　　　　　　　　　　　　　　　　　答え（　　　　　）

2. 今日の新聞を見かけましたか。

　　　　　　　　　　　　　　　　　　　　　　　　　　答え（　　　　　）

3. この辺でおいしいコーヒーが飲めるところはありますか。

　　　　　　　　　　　　　　　　　　　　　　　　　　答え（　　　　　）

問題 III　あなたは寮の管理人さんと話しています。会話を聞いて、適切な答えを選びなさい。

1. 管理人：♪
　　あなた：加藤さんの鎌倉のご実家へ行ってホームステイをすることになりました。
　　管理人：♪
　　あなた：　　　　　　　　　　　　　　　　　　　　答え（　　　　　）
　　　　a. そうですか。お寺も見てみたいです。
　　　　b. はい、加藤さんへのお土産にお菓子を持って行こうと思います。

2. 管理人：♪
　　あなた：いいえ、日本で春を迎えるのは初めてです。
　　管理人：♪
　　あなた：　　　　　　　　　　　　　　　　　　　　答え（　　　　　）
　　　　a. はい、お弁当を作ることにします。
　　　　b. はい、いつものように楽しみます。

3. 管理人：♪
　　あなた：あっ、そうでしたか、すみません。
　　管理人：♪

あなた：　　　　　　　　　　　　　　　　　　　　　　　答え（　　　）
　　　　　　a. 分かりました。明日、捨てることにします。
　　　　　　b. 分かりました。向こうですね。

4. あなた：管理人さん、咳が出ていますね。風邪ですか。
　　管理人：♪
　　あなた：お大事に。
　　管理人：♪
　　あなた：　　　　　　　　　　　　　　　　　　　　　　　答え（　　　）
　　　　　　a. はい、それはよかったですね。
　　　　　　b. はい、私も早く寝ることにします。

5. あなた：すみません。シャワーのお湯がなかなか出ないんですが…。
　　管理人：♪
　　あなた：そうですか。分かりました。
　　管理人：♪
　　あなた：　　　　　　　　　　　　　　　　　　　　　　　答え（　　　）
　　　　　　a. 大丈夫です。今日はシャンプーをすることにしますから。
　　　　　　b. 大丈夫です。明日、シャンプーをすることにしますから。

問題 IV あなたは日本語の先生と話しています。会話を聞いて、適切な答えに○をつけなさい。

キーワード
陶芸家　　頼む　　気に入る　　高価　　免許
海外　　ビジネス　　資格　　取得する

1. 話の内容と合っているものに○をつけなさい。

①	②	③	④

2. 質問に答えなさい。
① 先生はあなたから何をもらいましたか。
② あなたはいつ卒業しますか。
③ 先生は、これからどうしますか。

問題 V　録音を聞いて、文を完成しなさい。

　　日本には古くから_____贈り物をする習慣があります。7月のお中元と12月のお歳暮がそれです。これは、_____に向けた贈り物です。お中元とお歳暮は、いつも_____人に贈る物です。以前は、自分で_____人が多かったのですが、現在では_____などから送るのが一般的になりました。また最近では、_____が発達したので、_____や肉・魚、_____などの生鮮食品も送ることができるようになりました。その他、友だちや_____の結婚式や_____などにも、贈り物を贈ってお祝いする人がたくさんいます。

話しましょう

1. 日本の贈り物の習慣について、昔と今の大きな違いは何だと思いますか。
2. 中国と日本の贈り物の習慣について、知っていることを話してみましょう。

もういっぱい

1. 次の会話を聞いて、あとに続く言葉を①、②から選びなさい。
　　♪
　　　　　　　　　　　　　　　　　　　　　　　　　　答え（　　　　）

2. 次のスキットを聞いて、この後何をするか、最も適当だと思うものを選びなさい。
【言葉：バドミントン　　フランス料理】
【～よう：勧誘】【疑問詞でも：全面肯定】
　　　　　　　　　　　　　　　　　　　　　　　　　　答え（　　　　）

第7課　電話

ウォーミングアップ

☆　次の単語を聞いて共通のトピックを答えなさい。
答え（　　　　　　）

問題 1　絵を見て、正しい答えを一つ選びなさい。

質問　男の人はどのかばんを買いますか。

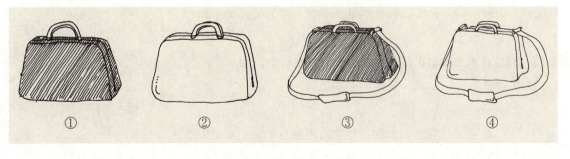

①　　　　　②　　　　　③　　　　　④

答え（　　　　　　）

問題 II　録音を聞いて、あとの問いの答えの中から、正しいものを一つ選びなさい。

1. 引っ越し屋さんはいつ来ますか。

　　　　　　　　　　　　　　　　　　　　　　　　答え（　　　　　）

2. あなたは日本へ旅行に行きたいですか。

　　　　　　　　　　　　　　　　　　　　　　　　答え（　　　　　）

3. 西村さん、もう少し速く歩けませんか。

　　　　　　　　　　　　　　　　　　　　　　　　答え（　　　　　）

問題 III　あなたは授業の後、日本語チューターの田中さんと話しています。会話を聞いて、適切な答えを選びなさい。

1. あなた：1月の第二月曜日はお休みですね。どうしてですか。
　　田中：♪
　　あなた：　　　　　　　　　　　　　　　　　　答え（　　　　　）
　　　　a. へえ、それじゃあ、着物を着る人が減っているんですね。
　　　　b. へえ、それじゃあ、着物を準備しておくんですね。

2. あなた：日本ではお正月にお雑煮を食べるんですね。
　　田中：♪
　　あなた：　　　　　　　　　　　　　　　　　　答え（　　　　　）
　　　　a. そうですか。お餅は年末に用意しておくんですね。
　　　　b. そうですか。お餅は東京で作っておくんですね。

3. 田中：♪
　　あなた：はい、違いますよ。北の方は餃子、南の方はお餅を食べます。
　　田中：♪
　　あなた：　　　　　　　　　　　　　　　　　　答え（　　　　　）
　　　　a. うちは北京なので、餃子を食べますから、家族で作ります。

b. はい、家で餃子やお餅を作ります。

4. 田中：♪
　　あなた：はい、就職したいことはしたいですが、日本語が問題です。
　　田中：♪
　　あなた：　　　　　　　　　　　　　　　　　　　答え（　　　　　）
　　　a. すみません。もっと復習しておきます。
　　　b. ありがとうございます。もっと努力します。

5. あなた：来週から春休みなので、北海道に旅行しようと思っています。
　　田中：♪
　　あなた：はい、一週間前に予約しておきました。
　　田中：♪
　　あなた：　　　　　　　　　　　　　　　　　　　答え（　　　　　）
　　　a. はい、決めるには決めたんですが、もっと調べておいたほうがよさそうです。
　　　b. はい、決めるには決めたんですが、もう調べてあります。

問題 IV　あなたは王さんです。川口一郎さんと携帯電話で話しています。会話を聞いて、適切な答えに〇をつけなさい。

キーワード
もしもし　今度　練習　特に　駅前　午前中

1. 話の内容と合っているものに〇をつけなさい。

①	②	③	④

2. 質問に答えなさい。
① 一郎さんはいつ宿題をしますか。
② 二人はいつテニスの練習をしますか。
③ 二人はどこで何時に会いますか。

問題 V　録音を聞いて、文を完成しなさい。

　最近、手紙より電話や＿＿＿＿＿＿＿＿＿＿がとても多くなりました。さらに、電話といっても、＿＿＿＿＿＿ではなく携帯電話が＿＿＿＿＿＿います。携帯電話で、買い物や＿＿＿＿＿＿＿、そして＿＿＿＿＿＿＿こともできるようになりました。日本では携帯電話を使った＿＿＿＿と呼ばれる＿＿＿＿が一般的になり、人と人の＿＿＿＿＿＿＿＿＿＿の方法に変化が見られます。携帯電話は＿＿＿＿＿＿＿＿＿なので、失くしたり＿＿＿＿＿＿＿すると大変不便になります。また、利用の仕方や＿＿＿＿＿＿＿にも注意が必要です。

話しましょう

1. 携帯電話は、話すこと以外にどのような利用方法がありますか。
2. 携帯電話を使うメリットとデメリットについて話しましょう。

もういっぱい

1. 次の会話を聞いて、あとに続く言葉を①、②から選びなさい。
　♪

　　　　　　　　　　　　　　　　　　　　　　　　　　　　答え（　　　）

2. 次のスキットを聞いて、何について話しているか、最も適当だと思う話題を選びなさい。
【言葉：新鮮　　しっぽ】
【～てから：継起】

　　　　　　　　　　　　　　　　　　　　　　　　　　　　答え（　　　）

第8課　　留学生活

ウォーミングアップ

☆　次の単語を聞いて共通のトピックを答えなさい。
答え（　　　　　）

問題 1　絵を見て、正しい答えを一つ選びなさい。

質問　加藤さんはどの人ですか。

答え（　　　　　）

問題 II　録音を聞いて、あとの問いの答えの中から、正しいものを一つ選びなさい。

1. あなたの友だちは、いつ日本に来るのですか。

　　　　　　　　　　　　　　　　　　　　　　　　　　答え（　　　　　）

2. 原田先生に習ったことがありますか。

　　　　　　　　　　　　　　　　　　　　　　　　　　答え（　　　　　）

3. お宅からここまで、どのくらいかかりますか。

　　　　　　　　　　　　　　　　　　　　　　　　　　答え（　　　　　）

問題 III　あなたは寮の管理人さんと話しています。会話を聞いて、適切な答えを選びなさい。

1. 管理人：♪

　　あなた：ゼミの勉強が忙しくて、なかなか早く帰れないんです。

　　管理人：♪

　　あなた：　　　　　　　　　　　　　　　　　　　　答え（　　　　　）

　　　　a. はい、そうですね。全然早く帰れないんです。

　　　　b. はい、そうですね。早く帰るようにします。

2. あなた：すみません。寮の駐車場の料金はいくらですか。

　　管理人：♪

　　あなた：ゼミ合宿のために、明日の朝まで止めてもいいでしょうか。

　　管理人：♪

　　あなた：　　　　　　　　　　　　　　　　　　　　答え（　　　　　）

　　　　a. 分かりました。朝7時には出られます。

　　　　b. では、今21時ですから、1,200円ですね。よろしくお願いします。

3. 管理人：♪

　　あなた：あれっ、すみません。燃えないゴミと間違えました。

管理人：♪

あなた：　　　　　　　　　　　　　　　　　　　　　　　　答え（　　　　）

　　　a. 分かりました。マニュアルはこの箱に捨てるんですね。

　　　b. ありがとうございます。これなら、分かりやすいですね。

4. あなた：すみません。ここでタバコが吸えますか。

　 管理人：♪

　 あなた：吸える場所はありますか。

　 管理人：♪

　 あなた：　　　　　　　　　　　　　　　　　　　　　　　答え（　　　　）

　　　a. 分かりました。後で吸えますね。

　　　b. 大丈夫です。見つけられると思います。

5. 管理人：♪

　 あなた：傘を持って行ったほうがいいですか。

　 管理人：♪

　 あなた：　　　　　　　　　　　　　　　　　　　　　　　答え（　　　　）

　　　a. ありがとうございます。管理人さんのおかげで助かります。

　　　b. ありがとうございます。私は風邪を引きにくいです。

問題 IV　あなたは管理人の佐藤さんです。学生に留学生会館の規則を説明しています。会話を聞いて、適切な答えに○をつけなさい。

キーワード

門限　　厳守する　　ミニキッチン　　自由　　後片付け　　乾燥

追加する　　コインランドリー　　延長する　　冷蔵庫　　クーラー

1. 話の内容と合っているものに○をつけなさい。

①	②	③	④

2. 質問に答えなさい。
① 学生会館には、何時までに帰らなければいけませんか。
② 洗濯室とミニキッチンを使った後、何をしなければいけませんか。
③ コインランドリーの使い方を説明してください。

問題 V　録音を聞いて、文を完成しなさい。

　日本に留学していると、＿＿＿＿＿＿がいろいろありますが、楽しいことや＿＿＿＿＿＿＿＿も少なくありません。できれば、日本人の住んでいる＿＿＿＿＿や＿＿＿＿＿＿の部屋を借りることをお勧めします。そして、日本人の友だちを作る努力をしてみましょう。大学の＿＿＿＿＿＿＿＿や国際交流団体または日本語＿＿＿＿＿＿＿＿＿＿などに＿＿＿＿＿＿のもいい方法です。日本人と＿＿＿＿＿＿とき、＿＿＿＿＿＿＿が違うので、言葉の問題だけでなく、＿＿＿＿＿＿にも注意しましょう。＿＿＿＿＿＿＿＿＿留学生活にならないように、ぜひ＿＿＿＿日本人とたくさん＿＿＿＿＿ください。

話しましょう

1. 日本人の友だちを作るには、どのような方法があると思いますか。
2. あなたが持っている日本人のイメージはどんなイメージですか。

もういっぱい

1. 次の会話を聞いて、あとに続く言葉を①、②から選びなさい。
　♪

答え（　　　　　）

2. 次のスキットを聞いて、何について話しているか、最も適当だと思う話題を選びなさい。
【言葉：先輩　沸く　ブー　鳴る　番組】
【〜ながら：付帯状況】

答え（　　　　　）

第9課　日本料理

ウォーミングアップ

☆　次の単語を聞いて共通のトピックを答えなさい。

答え　（　　　　　　　）

問題 I　絵を見て、正しい答えを一つ選びなさい。

質問　女の人は、どの犬がほしいですか。

答え　（　　　　　　　）

問題 II　録音を聞いて、あとの問いの答えの中から、正しいものを一つ選びなさい。

1. 彼はいつ日本に帰って来られますか。

　　　　　　　　　　　　　　　　　　　　　　　　　　　　　答え（　　　　）

2. あなたの学校に留学生は何人いますか。

　　　　　　　　　　　　　　　　　　　　　　　　　　　　　答え（　　　　）

3. タクシーでそこへ行くのに、どのくらい時間がかかりますか。

　　　　　　　　　　　　　　　　　　　　　　　　　　　　　答え（　　　　）

問題 III　あなたは日本語ボランティアの木村さんと話しています。会話を聞いて、適切な答えを選びなさい。

1. 木村：♪

　　あなた：一日目の試験が終わったばかりで、まだ5日残っています。

　　木村：♪

　　あなた：8科目あります。単語も暗記しなければならないんですが、習ったばかりなのに、もう忘れちゃいました。

　　木村：♪

　　あなた：　　　　　　　　　　　　　　　　　　　　　　答え（　　　　）

　　　　a. そうですか。何とか大丈夫そうです。
　　　　b. そうですね。諦めないことが大事ですね。

2. あなた：すみません。この漢字の読み方は何ですか。

　　木村：♪

　　あなた：大体、意味は分かるんですが…日本語は読み方が難しいです。

　　木村：♪

　　あなた：　　　　　　　　　　　　　　　　　　　　　　答え（　　　　）

　　　　a. おかげで、漢字を書くのが得意になりました。
　　　　b. はい、ありがとうございます。おかげで助かります。

3. 木村：♪

   あなた：はい、そうです。午前中に授業がありました。

   木村：♪

   あなた：　　　　　　　　　　　　　　　　　　　　　　　　答え（　　　　）

   　　a. いえいえ、私も今日の授業、先生が何を言っているのか、少しも聞き取れませんでした。

   　　b. はい、すごいです。私も全然理解できませんでした。

4. あなた：木村さんは、横浜に何年住んでいますか。

   木村：♪

   あなた：「第二のふるさと」はどういう意味ですか。

   木村：♪

   あなた：　　　　　　　　　　　　　　　　　　　　　　　　答え（　　　　）

   　　a. そうですか。私にとっては、日本ですね。

   　　b. 分かりました。いいですね。

5. 木村：♪

   あなた：すみません。さっき、友だちとハンバーガーを食べたばかりなんです。

   木村：♪

   あなた：　　　　　　　　　　　　　　　　　　　　　　　　答え（　　　　）

   　　a. ありがとうございます。少しもお腹が空いていないんです。

   　　b. すみません。また誘ってください。

問題 IV あなたはルームメートの王さんと話しています。会話を聞いて、適切な答えに○をつけなさい。

キーワード

箱根　　乗り換える　　特急　　いっぱい　　お寿司　　ファーストフード　　天ぷら

1. 話の内容と合っているものに○をつけなさい。

①	②	③	④

2. 質問に答えなさい。
① 昨日、王さんはどうやって箱根に行きましたか。
② 王さんは友だちと箱根で何をしましたか。
③ 王さんはファーストフードが好きですか。

問題 V　録音を聞いて、文を完成しなさい。

　日本料理は、日本で＿＿＿＿＿＿食材を使い、日本の＿＿＿＿＿＿の中で発達した伝統的な料理のことです。＿＿＿＿＿＿や和食という呼び方もします。これは、＿＿＿＿＿＿や洋食に対応して生まれた言葉です。日本料理というと、料理屋で出される＿＿＿＿＿＿＿＿＿＿がある一方、和食というと、家庭料理も含む日本の＿＿＿＿＿＿＿＿＿を表します。具体的には、＿＿＿＿＿＿、寿司、てんぷら、うなぎ、焼き鳥、＿＿＿＿＿＿などがあります。調味料は、うま味を含んだだし、＿＿＿＿＿＿、＿＿＿＿＿＿、＿＿＿＿＿＿、日本酒や酢が中心です。甘味に＿＿＿＿＿＿＿＿＿も使われます。＿＿＿＿＿＿に、和食は、＿＿＿＿＿＿＿＿＿＿として登録されました。

話しましょう

1. あなたが知っている日本料理や好きな日本料理について話してください。
2. 中国人と日本人の食習慣の違いはどんなところにあると思いますか。

もういっぱい

1. 次の会話を聞いて、あとに続く言葉を①、②から選びなさい。
　♪

答え（　　　　　）

2. 次のスキットを聞いて、何について話しているか、最も適当だと思う話題を選びなさい。
【言葉:スポーツセンター　　運動不足　　サッカー　　試合　　全身運動】
【～ようです:推量】

答え（　　　　　）

第10課　　勉強

ウォーミングアップ

☆　次の単語を聞いて共通のトピックを答えなさい。

答え（　　　　　）

問題 I　絵を見て、正しい答えを一つ選びなさい。

質問　男の人はどの本を探していますか。

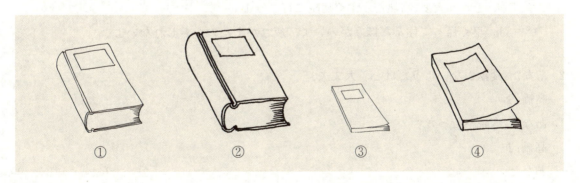

答え（　　　　　）

問題 II　録音を聞いて、あとの問いの答えの中から、正しいものを一つ選びなさい。

1. ホテルの部屋はご予約されましたか。

答え（　　　　　）

2. 記念切手はどこで売っていますか。

答え（　　　　　）

3. この服の色はどうですか。

答え（　　　　　）

問題 III　あなたは高橋さんと話しています。会話を聞いて、適切な答えを選びなさい。

1. あなた：高橋さん、どうしたの？元気ないじゃない。
   高橋：♪
   あなた：熱がありそう？
   高橋：♪
   あなた：　　　　　　　　　　　　　　答え（　　　　　）
   　　a. それは大変、高熱だ。すぐ病院に行こうよ。
   　　b. 早く帰って休んだほうがいいよ。疲れが出たのかもしれないよ。

2. あなた：食欲がないようだけど。大丈夫？
   高橋：♪
   あなた：病院へ行った？
   高橋：♪
   あなた：　　　　　　　　　　　　　　答え（　　　　　）
   　　a. そうか。大丈夫そうで良かったね。
   　　b. なるほど、バイトと勉強で無理したのかもね。

3. あなた：夕べは、よく寝た？
   高橋：♪
   あなた：寝不足はきついよね。毎晩、うるさいの？

高橋:♪
あなた: 　　　　　　　　　　　　　　　　　　　　答え（　　　）
　　　a. それは安心だったね。
　　　b. じゃあ、今晩もうるさいかもしれないね。

4. 高橋:♪
あなた:そうかなあ。おいしいと思うけど。
高橋:♪
あなた: 　　　　　　　　　　　　　　　　　　　　答え（　　　）
　　　a. まさか。同じスープよね。
　　　b. じゃ、私も飲んでみよう。

5. 高橋:♪
あなた:実は、母が急に倒れて入院しちゃったんだ。
高橋:♪
あなた: 　　　　　　　　　　　　　　　　　　　　答え（　　　）
　　　a. ありがとう。たいした病気ではないので、心配しないで。
　　　b. もちろん、たいした問題ではないよ。

問題 Ⅳ　あなたは山口さんです。留学生会館で楊さんと話しています。次の会話を聞いて、適切な答えに○をつけなさい。

キーワード
生菓子　　早めに　　直接　　渡す　　発表
プレゼン　　締め切り　　そろそろ　　伝える

1. 話の内容と合っているものに○をつけなさい。

①	②	③	④

2. 質問に答えなさい。
① 山口さんはなぜ楊さんに早めに食べてねと言いましたか。

② 山口さんはいつ、どこで、何の発表がありますか。
③ 山口さんは明日どこで何をしますか。

問題Ⅴ 録音を聞いて、文を完成しなさい。

　　日本語の言葉は、その作られ方によって、和語・漢語・外来語・混種語の＿＿＿＿に分類できます。「＿＿＿＿」「話す」「月」「花」は、＿＿＿＿＿＿＿＿＿＿言葉で和語です。漢字で書いても「訓読み」をするものは和語です。一方、「ネンゲツ」「＿＿＿＿＿」「ソウゲン」などは漢語です。漢語は中国から入った言葉で、日本語の中では＿＿＿＿＿＿＿と言われます。その中には、日本で漢字を＿＿＿＿＿＿＿＿作った「経済」「進化」などの和製漢語もあります。さらに、＿＿＿＿＿＿＿＿＿＿から入ってきた言葉が外来語で、＿＿＿＿＿で書かれます。「ズボン」「テンポ」「＿＿＿＿＿＿＿＿」などです。「あんパン」「＿＿＿＿＿＿」のように、和語・漢語・外来語を＿＿＿＿＿＿＿＿＿は混種語です。近年では、「＿＿＿＿＿＿」「＿＿＿＿＿＿」などの日本語が、外国で使われるようになった＿＿＿＿＿も見られるようになりました。

話しましょう

1. 日本語の和語と漢語の違いについて説明してください。
2. 日本語の外来語で知っているものを挙げてみましょう。

もういっぱい

1. 次の会話を聞いて、あとに続く言葉を①、②から選びなさい。
　♪
　　　　　　　　　　　　　　　　　　　　　　答え（　　　　）

2. 次のスキットを聞いて、何について話しているか、最も適当だと思う話題を選びなさい。
【言葉：アルバイト　　バイト代】
【～たら、～：条件】【～ができます：可能】

　　　　　　　　　　　　　　　　　　　　　　答え（　　　　）

コラム

歌 舞 伎

　歌舞伎は日本の伝統芸能の中で一番人気が高く、外国人にもよく知られています。東京の銀座にある歌舞伎座はいつも外国人客で賑わっています。歌舞伎の特徴は中国の昔の京劇と同じように、役者がすべて男性であることです。女の役を演じる者は「女形」と言い、華やかな着物を着て、三味線や長唄の演奏に合わせて踊ります。最近では、若い歌舞伎役者がテレビドラマや映画にも出演することが多くなり、歌舞伎を身近に感じる若者も増えています。

ロールプレー

1. 歌舞伎の特徴と変化について話してください。
2. 中国の京劇と日本の歌舞伎の似ているところや違うところについて調べましょう。

第11課　　買い物

ウォーミングアップ

☆　次の単語を聞いて共通のトピックを答えなさい。
答え（　　　　　　）

問題 1　絵を見て、正しい答えを一つ選びなさい。

質問　大学病院はどれですか。

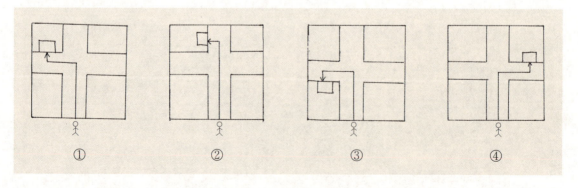

答え（　　　　　　）

第 11 課　買い物

問題 II　録音を聞いて、あとの問いの答えの中から、正しいものを一つ選びなさい。

1. あなたが今使っている辞書は、いつ買ったのですか。

答え（　　　　　）

2. あの人の日本語は早口ですか。

答え（　　　　　）

3. 食べ物では何が一番お好きですか。

答え（　　　　　）

問題 III　あなたは高橋さんと話しています。会話を聞いて、適切な答えを選びなさい。

1. あなた：風邪引ちゃった。高橋さんは、風邪引かないの？
   高橋：♪
   あなた：へえ、予防なんてできるの？　どうすればいい？
   高橋：♪
   あなた：

答え（　　　　　）

   　　a. へえ、風邪を引いたらマスクが必要だね。
   　　b. へえ、風邪を引いていないのにマスクをするんだね。

2. 高橋：♪
   あなた：それが、静かすぎて、かえって集中できないんです。
   高橋：♪
   あなた：

答え（　　　　　）

   　　a. 高橋さんも同じタイプなんですね。
   　　b. 静かな方が集中しやすいタイプなんですね。

3. あなた：さっきの映画おもしろかったですね。笑いすぎて涙が出ました。
   高橋：♪

あなた：あの人は有名ですか。

高橋：♪

あなた：　　　　　　　　　　　　　　　　　　　　　　　　答え（　　　）

　　　a. じゃ、いい映画でしたね。

　　　b. なるほど、だからお客さんがたくさんいたんですね。

4. 高橋：♪

あなた：そうですね。宿題も多いし、アルバイトも忙しいし、大変です。

高橋：♪

あなた：　　　　　　　　　　　　　　　　　　　　　　　　答え（　　　）

　　　a. はい、本当に困りますね。

　　　b. はい、でも、友だちも親切だし、高橋さんも優しいし、大丈夫です。

5. あなた：新しい車を買ったんですか。

高橋：♪

あなた：そうですか。今度は、運転しやすそうですか。

高橋：♪

あなた：　　　　　　　　　　　　　　　　　　　　　　　　答え（　　　）

　　　a. じゃ、今度、乗せてくださいね。

　　　b. じゃ、もっと気をつけてくださいね。

問題 IV

あなたは金さんです。友達の中村さんと話しています。会話を聞いて、適切な答えに○をつけなさい。

キーワード

Tシャツ　　バーゲン　　渋谷駅　　ショッピングモール

スニーカー　　おしゃれ　　ハイヒール

---

1. 話の内容と合っているものに○をつけなさい。

①	②	③	④

2. 質問に答えなさい。
① 金さんはどんなものを買いましたか。
② 金さんは、それをどこで買いましたか。
③ 中村さんは何を買いたいですか。

問題Ⅴ 録音を聞いて、文を完成しなさい。

　先週の日曜日、姉と一緒に＿＿＿＿＿＿＿＿＿にあるデパートに行きました。冬ものの＿＿＿＿＿＿＿中だったので、＿＿＿＿＿を入れてオール＿＿＿＿＿＿＿になっていました。11階の＿＿＿＿＿で、すてきなコートを見つけました。流行の＿＿＿＿＿＿＿でサイズも＿＿＿＿＿＿＿でした。ついている＿＿＿＿＿を見ると、＿＿＿＿＿＿＿＿になっていました。私は、さっそく買うことにしました。姉は＿＿＿＿＿＿＿＿＿のブーツを見つけることができました。やはり＿＿＿＿＿＿になっていました。このように、日本のデパートでは、＿＿＿＿＿＿＿＿＿を割引して売る時があります。それがいい買い物のできる＿＿＿＿＿＿＿＿なのです。

話しましょう

1. 二人は日曜日にどこへ行きましたか。また、そこで何をしましたか。
2. あなたが日本に行ったら、どんな買い物をしたいですか。話してみましょう。

もういっぱい

1. 次の会話を聞いて、あとに続く言葉を①、②から選びなさい。
　♪

答え（　　　）

2. 次のスキットを聞いて、銀座へは何で行くか、最も適当だと思うものを選びなさい。
【言葉:遠回り　　地下鉄　　がまんする】
【～と～:条件】

答え（　　　）

第12課　手紙

ウォーミングアップ

☆　次の単語を聞いて共通のトピックを答えなさい。

答え（　　　　　　）

問題 I　絵を見て、正しい答えを一つ選びなさい。

質問　男の人の妹はどの人ですか。

答え（　　　　　　）

第 12 課　手紙

問題 II　録音を聞いて、あとの問いの答えの中から、正しいものを一つ選びなさい。

1. 男の人は何と言いましたか。

　　　　　　　　　　　　　　　　　　　　　　　　　　答え（　　　　　）

2. 女の人は、ひろし君にどうしてほしいと思っているのですか。

　　　　　　　　　　　　　　　　　　　　　　　　　　答え（　　　　　）

3. 女の人はどうしてそんなに急いでいるのですか。

　　　　　　　　　　　　　　　　　　　　　　　　　　答え（　　　　　）

問題 III　あなたは日本語ボランティアの木村さんと話しています。会話を聞いて、適切な答えを選びなさい。

1. 木村：♪
　　あなた：いえいえ、大丈夫です。別に病気じゃないんですが、最近よく眠れなくて…
　　木村：♪
　　あなた：　　　　　　　　　　　　　　　　　　　　答え（　　　　　）
　　　　　a. はい、ありがとうございます。注意します。
　　　　　b. はい、ありがとうございます。若いので大丈夫です。

2. 木村：♪
　　あなた：いいえ、就職のことではなくて、卒論のことです。
　　木村：♪
　　あなた：はい、テーマは大丈夫ですが、日本語で書くのが問題です。
　　木村：♪
　　あなた：　　　　　　　　　　　　　　　　　　　　答え（　　　　　）
　　　　　a. すみません。いつも心配しないでください。
　　　　　b. ありがとうございます。よろしくお願いします。

3. あなた：木村さん、右手、どうしたんですか。
　　木村：♪

あなた：   答え（   ）
　　a. そうだったんですね。では、そろそろ治りそうですね。
　　b. そうだったんですね。何かお手伝いすることがあれば、何でも言ってくださいね。

4. あなた：就活には、まず何が必要ですか。来年の4月から始めようと思っているんですが…。
　　木村：♪
　　あなた：   答え（   ）
　　a. なるほど。自分の特徴を知ることが必要ですね。
　　b. なるほど。希望の会社を選ぶことが必要ですね。

5. 木村：♪
　　あなた：そうなんです。旅行会社の面接でした。
　　木村：♪
　　あなた：はい、とても。緊張しすぎて、日本語はもちろん、歩き方まで変になりました。
　　木村：   答え（   ）
　　a. 大変でしたね。でも、いい結果が出るといいですね。
　　b. お疲れ様でした。チャンスは、またありますよ。

問題 IV　録音を聞いて、話の内容と合っているものに○をつけなさい。

> **キーワード**
> 久しぶり　　お願い　　交換留学　　評論
> ゼミ　　都合　　けっこう

1. 話の内容と合っているものに○をつけなさい。

①	②	③	④

2. 質問に答えなさい。
① 藩さんはなぜ日本に行きますか。
② 案内は森田先輩でなければなりませんか。
③ 藩さんはいつ日本へ行きますか。

問題 V　録音を聞いて、文を完成しなさい。

　周玲さんは、九州の大学院に合格した中国人の留学生です。彼女は、横浜で日本人の家に＿＿＿＿＿＿＿＿していました。その時お世話になったお母さんから、絵と＿＿＿＿＿＿＿がかかれた葉書を受け取りました。それは、＿＿＿＿＿というものだそうです。お礼に＿＿＿＿＿＿＿と思いましたが、感謝の気持ちを伝えるには、＿＿＿＿＿＿＿＿と考えました。＿＿＿＿＿＿＿に、相手の＿＿＿＿＿＿、住所、名前を書き、裏には、自分の住所と＿＿＿＿＿を書きました。＿＿＿＿＿＿＿＿＿＿の花柄を選び、お礼と＿＿＿＿＿＿＿を書きました。周さんは携帯電話や＿＿＿＿＿＿＿＿＿＿＿＿だからこそ、手紙の方がお互いの＿＿＿＿＿＿と話していました。

話しましょう

1. 周玲さんは、日本人のお母さんにどんな手紙を書きましたか。
2. 手紙とメール、それぞれのメリットとデメリットについて話してください。

もういっぱい

1. 次の会話を聞いて、あとに続く言葉を①、②から選びなさい。
　　♪
　　　　　　　　　　　　　　　　　　　　　　　答え（　　　　　）

2. 次のスキットを聞いて、何について話しているか、最も適当だと思う話題を選びなさい。
【言葉：英和辞典　外来語】
【～すぎます：適正水準を超える】【～たほうがいい：提案】
　　　　　　　　　　　　　　　　　　　　　　　答え（　　　　　）

第13課　引っ越し

ウォーミングアップ

☆　次の単語を聞いて共通のトピックを答えなさい。
答え（　　　　　　）

問題 I　絵を見て、正しい答えを一つ選びなさい。

質問　どのペンダントですか。

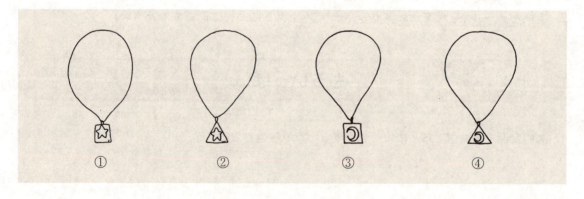

① ② ③ ④

答え（　　　　　　）

第 13 課　引っ越し

> **問題 II**　録音を聞いて、あとの問いの答えの中から、正しいものを一つ選びなさい。

1. 男の人の問題は何ですか。

　　　　　　　　　　　　　　　　　　　　　　　　　　　　答え（　　　　）

2. 男の人の部屋はどうですか。

　　　　　　　　　　　　　　　　　　　　　　　　　　　　答え（　　　　）

3. 二人は何を見ながら話していますか。

　　　　　　　　　　　　　　　　　　　　　　　　　　　　答え（　　　　）

> **問題 III**　あなたは日本語ボランティアの木村さんと話しています。会話を聞いて、適切な答えを選びなさい。

1. 木村：♪
   あなた：日本と似ていますよ。生活は便利になりましたが、車が増え過ぎて交通渋滞や環境汚染がひどいです。
   木村：♪
   あなた：　　　　　　　　　　　　　　　　　　　　　　　答え（　　　　）
   　　　a. 生活が便利になることが必ずしもよいとは限りませんね。
   　　　b. 生活さえ便利になれば、大きな問題はないですね。

2. 木村：♪
   あなた：はい、一度だけ来たことがあります。
   木村：♪
   あなた：　　　　　　　　　　　　　　　　　　　　　　　答え（　　　　）
   　　　a. はい、必ずしもまた来るとは限りません。
   　　　b. はい、卒業式には、また来てほしいと考えています。

3. 木村：♪
   あなた：優勝する自信があったのになあ…。なかなか。

木村： 　　　　　　　　　　　　　　　　　　　　　　　　　　答え（　　　　）
　　　　　a. そうですか。やはり、日々の練習の成果が出ましたね。
　　　　　b. そうですか。また次の機会に頑張ってください。

4. あなた：日本では、社会の情報化に伴って、どんな問題がありますか。
　　木村：♪
　　あなた：どういうことですか。
　　木村：♪
　　あなた： 　　　　　　　　　　　　　　　　　　　　　　　　　答え（　　　　）
　　　　　a. なるほど。個人の情報が必ずしも守られるとは限らないということですね。
　　　　　b. なるほど。情報化はすごいことですね。

5. あなた：先週の東京マラソンの結果はどうでしたか。
　　木村：♪
　　あなた：それは残念でしたね。もう大丈夫ですか。
　　木村： 　　　　　　　　　　　　　　　　　　　　　　　　　　答え（　　　　）
　　　　　a. ええ、ありがとう。最後まで走れたので、いい思い出ですよ。
　　　　　b. ええ、ありがとう。せっかく参加できたのに、くやしいですよ。

問題 Ⅳ　あなたは留学生の王さんです。銀行で銀行員と話しています。会話を聞いて、適切な答えに○をつけなさい。

キーワード
変更　　用紙　　印鑑　　番号札　　混む
機械　　振り込む　　順番　　呼ぶ

1. 話の内容と合っているものに○をつけなさい。

①	②	③	④

2. 質問に答えなさい。
① 王さんは何の用事で銀行に来ましたか。

② 王さんはなぜ二回も銀行に来たのですか。
③ 王さんは待っている間に何をしたいと言いましたか。

問題 V　録音を聞いて、文を完成しなさい。

　　日本にはいろいろな引っ越しのサービスがあります。例えば、自分で何もしなくてもいい引っ越しは、「＿＿＿＿＿＿＿＿＿＿＿＿＿」と言います。また、＿＿＿＿＿での家具の転倒を防止する＿＿＿＿＿を装着する「＿＿＿＿＿サービス」もあります。ほとんどの＿＿＿＿＿＿＿＿＿は、事前に＿＿＿＿＿＿をして予算を出します。どのくらいの＿＿＿＿＿＿が必要か、＿＿＿＿＿＿＿＿＿はどのくらいなのかを調べるのです。＿＿＿＿＿や＿＿＿＿＿がある場合は、特別にお願いしなければなりません。日本の引っ越し代は安いとは言えませんが、担当する＿＿＿＿＿＿はとても礼儀正しく親切で＿＿＿＿＿＿です。「＿＿＿＿＿＿＿」の日本人の考え方を反映していることが理解できるでしょう。

話しましょう

1. 日本の引っ越しサービスにはどんなものがありますか。
2. 日本の引っ越しサービスについて、中国と違うところを挙げてみましょう。

もういっぱい

1. 次の会話を聞いて、あとに続く言葉を①、②から選びなさい。
　♪
　　　　　　　　　　　　　　　　　　　　　　　　　答え（　　　　　）

2. 次のスキットを聞いて、何をプレゼントしたか、最も適当だと思うものを選びなさい。
【言葉：高校　　入学　　新築祝い　　セット】
【～をもらいます：授受】【～をあげます：授受】
　　　　　　　　　　　　　　　　　　　　　　　　　答え（　　　　　）

第14課　　　　面接

ウォーミングアップ

☆　次の単語を聞いて共通のトピックを答えなさい。
答え（　　　　　　）

問題 1　絵を見て、正しい答えを一つ選びなさい。

質問　女の人の夫はだれですか。

答え（　　　　　　）

| 問題 II | 録音を聞いて、あとの問いの答えの中から、正しいものを一つ選びなさい。 |

1. 誰と誰が話していますか。

　　　　　　　　　　　　　　　　　　　　　　　　　　答え（　　　　　）

2. 二人は何をしていますか。

　　　　　　　　　　　　　　　　　　　　　　　　　　答え（　　　　　）

3. 女の人は洋服を選ぶのに何を一番気にしていますか。

　　　　　　　　　　　　　　　　　　　　　　　　　　答え（　　　　　）

| 問題 III | あなたは、寮の管理人さんと話しています。会話を聞いて、適切な答えを選びなさい。 |

1. あなた：機会があれば、日本の茶道を習いたいんですが…。
　　管理人：♪
　　あなた：　　　　　　　　　　　　　　　　　　　　答え（　　　　　）
　　　　a. そうですか。お茶のお稽古をするのは難しそうですね。
　　　　b. そうですか。外国人なら、だれでも申し込むことができるんですか。

2. あなた：今日の新入生歓迎会のため、紹興酒を用意しました。
　　管理人：♪
　　あなた：　　　　　　　　　　　　　　　　　　　　答え（　　　　　）
　　　　a. 白酒ほど強くはないです。
　　　　b. 水ほど弱くはないです。

3. あなた：来月、国の友だちが遊びにくるので、旅行に行きたいんですが、ゴールデンウィークはどこも込みますよね。
　　管理人：♪
　　あなた：　　　　　　　　　　　　　　　　　　　　答え（　　　　　）
　　　　a. なるほど。では一度調べてみます。

b. そうですか。やはり、あきらめたほうがいいですね。

4. 管理人：♪
   あなた：心配してくださってありがとうございます。どこも悪くないです。
   　　　　私は食べても、食べなくても太らないタイプなんです。
   管理人：　　　　　　　　　　　　　　　　　　　　　　　　　　答え（　　　）
   　　a. それは心配ですね。病院に行ったほうがいいですよ。
   　　b. それは羨ましい。私は食べても、食べなくてもすぐ太りますよ。

5. 管理人：♪
   あなた：いいえ、卒論の実験で研究室に残っているんです。
   管理人：♪
   あなた：　　　　　　　　　　　　　　　　　　　　　　　　　　答え（　　　）
   　　a. はい、病気になっても、大丈夫です。
   　　b. はい、心配してくださってありがとうございます。

問題 IV　あなたは林さんです。先輩の山口さんに面接について相談しています。次の会話を聞いて、適切な答えに○をつけなさい。

キーワード
服装　　紺色　　グレー　　持ち物　　チェック　　地味 落ち着く　　調べる　　失敗する　　ちゃんと　　アドバイス

1. 話の内容と合っているものに○をつけなさい。

①	②	③	④

2. 質問に答えなさい。
① 林さんはどうして山口さんに面接について相談したのですか。
② 山口さんは林さんにどんなところに気をつければいいとアドバイスをしましたか。
③ 面接官はなぜその人の気持ちが分かるのですか。

問題 V　録音を聞いて、文を完成しなさい。

　面接とは、_____が受験者に直接会って質問する_____のひとつです。面接の目的は、_____では判断ができない_____を、実際に会って_____です。面接官は、受験者が_____から出て行くまでの_____を見ています。そのため、ドアの_____、椅子の座り方、_____、さらに話し方など、_____されます。面接官から出される質問を_____練習するのはいいことです。ですが、ただ_____を話すだけでは何の意味もありません。大事なことは、_____を持ち、_____を正しい日本語で話せるように_____ことです。近年では、_____の受験者に対して、_____を通じて、カメラの_____も見られるようです。

話しましょう

1. 面接試験で気をつけることについて、知っていることを挙げましょう。
2. あなたが今までに受けた面接試験について、経験を話してください。

もういっぱい

1. 次の会話を聞いて、後に続く言葉を①、②から選びなさい。
　♪
　　　　　　　　　　　　　　　　　　　　　　　答え（　　　　）

2. 次のスキットを聞いて、どこで話しているか、最も適当だと思うものを選びなさい。
【言葉：荷物　　チョコレート　　速達　　バレンタインデー】
【〜にします：決定】【〜ています：状態】
　　　　　　　　　　　　　　　　　　　　　　　答え（　　　　）

第15課　富士山

ウォーミングアップ

☆　次の単語を聞いて共通のトピックを答えなさい。
答え（　　　　　）

問題 1　絵を見て、正しい答えを一つ選びなさい。

質問　今何時ですか。

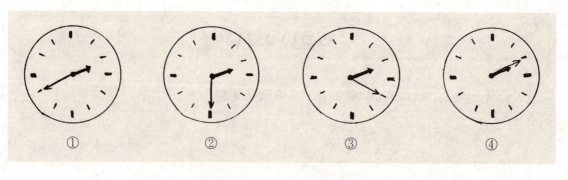

答え（　　　　　）

第15課　富士山

問題 II　録音を聞いて、あとの問いの答えの中から、正しいものを一つ選びなさい。

1. 男の人は夕食に何を食べたいのですか。

　　　　　　　　　　　　　　　　　　　　　　　　　　答え（　　　）

2. 女の人は何をしなければならないのですか。

　　　　　　　　　　　　　　　　　　　　　　　　　　答え（　　　）

3. 二人は会社で何の機械のことについて話していますか。

　　　　　　　　　　　　　　　　　　　　　　　　　　答え（　　　）

問題 III　あなたは寮の管理人さんと話しています。会話を聞いて、適切な答えを選びなさい。

1. あなた：すみません。この間管理人さんに借りたセーターを洗濯したら、縮んでしまったんですけど…。

　　管理人：♪

　　あなた：　　　　　　　　　　　　　　　　　　　　答え（　　　）

　　　　a. 分かりました。ずっと気にしています。
　　　　b. 本当にいいんですか。申し訳ありません。

2. あなた：今度の面接試験に合格できるかどうか、不安です。

　　管理人：♪

　　あなた：　　　　　　　　　　　　　　　　　　　　答え（　　　）

　　　　a. ありがとうございます。精一杯がんばります。
　　　　b. あきらめないけど、心配します。

3. あなた：日本では、桜の開花時期はどこも同じですか。

　　管理人：♪

　　あなた：　　　　　　　　　　　　　　　　　　　　答え（　　　）

　　　　a. そうですか。東京と比べて北海道は早く咲くんですね。

            b. そうですか。東京より北海道は遅いんですね。

4. 管理人：♪

    あなた：そうですね。もうすぐ４月ですから。

    管理人：♪

    あなた：　　　　　　　　　　　　　　　　　　　　　　　答え（　　　　　）

        a. はい、もう風邪を引いてしまいました。
        b. はい、気をつけます。

5. 管理人：♪

    あなた：はい、いろいろと忙しくて帰れなくなってしまったんです。

    管理人：♪

    あなた：　　　　　　　　　　　　　　　　　　　　　　　答え（　　　　　）

        a. ええ、でも、私は忙しければ忙しいほど元気でいられますから。
        b. ええ、でも、帰る予定ですから大丈夫です。

問題 IV　あなたは山田さんです。お母さんと友だちの張さんと話しています。会話を聞いて、適切な答えに○をつけなさい。

キーワード				
用意する	リュック	お弁当	シンボル	精神的支え
ラッキー	ダイヤモンドリング	頂上	夕陽	沈む

1. 話の内容と合っているものに○をつけなさい。

①	②	③	④

2. 質問に答えなさい。

① 山田さんはドライブにどんなものを持って行きましたか。

② 今日の交通事情はどうなっていますか。

③ 冬の富士山はなぜ「ダイヤモンド富士」と呼ばれるのですか。

問題 V　録音を聞いて、文を完成しなさい。

　富士山は日本で＿＿＿＿＿＿＿＿＿＿＿＿＿＿＿＿＿あります。＿＿＿＿＿＿＿＿＿＿＿＿＿＿＿＿＿＿＿＿＿は、海外でも広く知られています。この富士山は、＿＿＿＿＿＿＿＿＿＿＿＿＿＿＿に登録されましたので、＿＿＿＿＿＿＿＿や登山客が年々増加しています。富士山に登山できるのは、＿＿＿＿＿＿＿＿＿＿＿＿＿＿と言われています。夏の＿＿＿＿＿＿＿＿＿＿＿＿＿＿＿＿＿＿＿＿＿＿＿に下がり、雪が降ることもあります。登山する場合は＿＿＿＿＿＿＿＿＿＿＿＿＿＿＿＿＿＿＿＿いいです。＿＿＿＿＿＿＿＿＿＿＿＿＿＿＿＿＿＿＿＿＿＿＿＿＿なども必要です。富士山を訪れる日本人は、＿＿＿＿＿＿＿＿＿＿ために、自分達の出したごみは＿＿＿＿＿＿＿＿＿＿＿ようにしています。

話しましょう

1. 富士山に登る時の注意点について説明してください。
2. 中国で一番高い山について、知っていることを話してください。

もういっぱい

1. 次の会話を聞いて、あとに続く言葉を①、②から選びなさい。
　　♪

答え（　　　　　）

2. 次のスキットを聞いて、何について話しているか、最も適当だと思う話題を選びなさい。
【言葉:留学　　建物　　留学生　　エアコン　　マンション　　アパート】
【〜のような:例示】

答え（　　　　　）

> **コラム**
>
> 日 本 料 理
>
> 　日本料理は盛り付けがきれいです。お膳の食器の配置も工夫しています。また、一つ一つの皿の盛り付けも色や形を大切にしています。てんぷらは揚げたてのおいしさを大切にしています。一方、刺身は新鮮さを保つために冷たくして出します。そういう熱い料理と冷たい料理の組み合わせも日本料理の特色です。料理の色合いは一つの色に片寄ることなく、緑、赤、黄色、白などさまざまな色合いのものが美しく調和しています。

ロールプレー

1. 日本人の食生活を中国人の食生活と比べて話してください。
2. 日本料理について話してください。

第16課　お祭り

ウォーミングアップ

☆　次の単語を聞いて共通のトピックを答えなさい。

答え（　　　　　　）

問題 1　絵を見て、正しい答えを一つ選びなさい。

質問　新幹線は何時に駅に着きますか。

① ② ③ ④

答え（　　　　　　）

問題 II 録音を聞いて、あとの問いの答えの中から、正しいものを一つ選びなさい。

1. 女の人は男の人の質問についてどのように思っていますか。

　　　　　　　　　　　　　　　　　　　　　　　　答え（　　　　　）

2. 二人は何の準備をしているのですか。

　　　　　　　　　　　　　　　　　　　　　　　　答え（　　　　　）

3. 二人はどんなことを話していますか。

　　　　　　　　　　　　　　　　　　　　　　　　答え（　　　　　）

問題 III あなたは友だちと話しています。会話を聞いて、適切な答えを選びなさい。

1. 友だち：♪
   あなた：第一志望の大学院の筆記試験には合格したんだけど、これから面接試験があるんだよ。緊張しすぎて気持ち悪くなってきたんだ。
   友だち：　　　　　　　　　　　　　　　　　　答え（　　　　　）
   　　a. 面接に受かったんだから大丈夫だよ。合格するといいね。
   　　b. 筆記試験に受かったんだから心配ないよ。面接もうまくいくよ。

2. あなた：みんな一緒に彼の車に乗れるかな。
   友だち：♪
   あなた：　　　　　　　　　　　　　　　　　　答え（　　　　　）
   　　a. やってみてダメだったら、椅子は配達してもらいましょう。
   　　b. トランクには入れないから、大丈夫でしょう。

3. あなた：このあたりは緑が多いね。
   友だち：♪
   あなた：　　　　　　　　　　　　　　　　　　答え（　　　　　）
   　　a. へえ、そうだとしたら、もう少しで公園なんじゃないかな。

  b. じゃあ、公園はなかなか見つからないね。

4. あなた：新しいゲームソフトが出たから買いに行かなくちゃ。
  友だち：♪
  あなた： 　　　　　　　　　　　　　　　　　　　　答え（　　　　）
   a. 本当にネット注文は簡単だよね。
   b. そうだった。うっかりしてたよ。

5. 友だち：♪
  あなた：ビザが切れたから、もう続けられなくなったそうだよ。
  友だち： 　　　　　　　　　　　　　　　　　　　　答え（　　　　）
   a. そうなんだ。じゃあ、がんばってますね。
   b. そうなんだ。じゃあ、もう帰国しちゃったのかなあ。

問題 IV　あなたは陸さんです。友だちの井上さんと話しています。会話を聞いて、適切な答えに○をつけなさい。

> **キーワード**
> 祇園祭　疫病退散　願う　行事　飾る　無事
> 伝統的　衣装　山車　行列　進行する

1. 話の内容と合っているものに○をつけなさい。

①	②	③	④

2. 質問に答えなさい。
① 祇園祭はどんなことをしますか。
② 井上さんは、陸さんとどんな約束をしましたか。
③ 祇園祭は何を願う祭りですか。

問題 V　録音を聞いて、文を完成しなさい。

　日本全国には、実にさまざまなお祭りが存在します。その数は、＿＿＿＿＿＿＿＿＿＿＿＿＿＿＿＿＿＿＿。その多くは、日本の至るところにある神社で行われます。神を迎えて＿＿＿＿＿＿、神の考えを伺い、神の＿＿＿＿＿＿＿＿＿＿＿というものです。それぞれの祭りごとに＿＿＿＿＿＿＿＿＿、その土地に＿＿＿＿＿＿＿＿＿＿＿＿。中でも有名なのは、＿＿＿＿＿＿＿と呼ばれるものです。一つは、京都＿＿＿＿＿＿の「祇園祭」です。続いて、大阪天満宮「＿＿＿＿＿＿」、そして、東京＿＿＿＿＿＿＿です。中でも7月に行われる「祇園祭」は、その＿＿＿＿＿＿＿＿＿＿と迫力で、多くの＿＿＿＿＿＿＿＿を魅了しているそうです。神社で行われるお祭りでは、＿＿＿＿＿＿＿＿＿＿＿が並び、縁日の賑わいをみせ、日本の＿＿＿＿＿＿＿＿を体験することもできます。

話しましょう

1. 日本で有名なお祭りを挙げましょう。
2. 日本のお祭りと中国のお祭りには共通しているところがありますか。

もういっぱい

1. 次の会話を聞いて、あとに続く言葉を①、②から選びなさい。
♪

答え（　　　　　）

2. 次のスキットを聞いて、何について話しているか、最も適当だと思う話題を選びなさい。
【言葉：用事　　デジタルカメラ　　携帯電話】
【～てください：依頼】【～なければなりません：義務】

答え（　　　　　）

第17課　配達

ウォーミングアップ

☆　次の単語を聞いて共通のトピックを答えなさい。

答え（　　　　　　）

問題 I　　絵を見て、正しい答えを一つ選びなさい。

質問　山本さんはどの人ですか。

答え（　　　　　）

問題 II　録音を聞いて、あとの問いの答えの中から、正しいものを一つ選びなさい。

1. どれが正しいですか。
　　　　　　　　　　　　　　　　　　　　　　　　　　　　答え（　　　　　）

2. どれが正しいですか。
　　　　　　　　　　　　　　　　　　　　　　　　　　　　答え（　　　　　）

3. パーティーはいつですか。
　　　　　　　　　　　　　　　　　　　　　　　　　　　　答え（　　　　　）

問題 III　あなたはルームメートと話しています。会話を聞いて、適切な答えを選びなさい。

1. あなた：お父さんはお酒飲む？
　　ルームメート：♪
　　あなた：じゃ、もう止めたんでしょう？
　　ルームメート：♪
　　あなた：　　　　　　　　　　　　　　　　　　　　答え（　　　　　）
　　　　a. そうかあ、じゃあ、すぐやめるに違いないね。
　　　　b. うちの父も同じ。身体のためにも止めてくれるといいんだけどね。

2. あなた：最近、毎朝、ジムに行ってますね。
　　ルームメート：♪
　　あなた：　　　　　　　　　　　　　　　　　　　　答え（　　　　　）
　　　　a. そうなんだ。あまり運動しないほうがいいね。
　　　　b. じゃあ、今度一緒に連れて行ってもらってもいい？

3. あなた：どんな携帯がほしい？
　　ルームメート：♪
　　あなた：　　　　　　　　　　　　　　　　　　　　答え（　　　　　）

　　　　a. ほしいのが、うまくあるといいね。
　　　　b. いいなあ。お母さんに買ってもらえるなんて、うらやましいよ。

4. あなた：外国語は使わなければ、忘れちゃうだろうなあ。
　　ルームメート：♪
　　あなた：　　　　　　　　　　　　　　　　　　　　　　　答え（　　　　）
　　　　a. なるほど。それなら、きっと大丈夫だね。
　　　　b. なるほど。日本語を書いてほしいね。

5. あなた：夕べ、帰りがずいぶん遅かったけど、一人だったの？
　　ルームメート：♪
　　あなた：　　　　　　　　　　　　　　　　　　　　　　　答え（　　　　）
　　　　a. 先輩に乗ってもらってよかったね。
　　　　b. 先輩が送ってくれてよかったね。

問題 IV　あなたは郭さんです。お店の人と電話で話しています。会話を聞いて、適切な答えに〇をつけなさい。

キーワード				
届く	取り扱い説明書	トリセツ	申し訳ない	ミス
郵送	ホームページ	ダウンロード	万が一	

1. 話の内容と合っているものに〇をつけなさい。

①	②	③	④

2. 質問に答えなさい。
① 郭さんはどんな方法でなにを購入しましたか。
② 取り扱い説明書をなぜ郵送で送りますか。
③ 説明書が届くまでに説明書を読みたい場合は、どうしますか。

問題 V 録音を聞いて、文を完成しなさい。

　日本には、＿＿＿＿＿＿＿＿＿＿＿＿＿＿があります。例えば、＿＿＿＿＿＿＿＿＿＿＿を送ることを「郵便配達」と言い、郵便局に行かなければなりません。また、＿＿＿＿の新聞を届けることは、「新聞配達」と呼び、毎日＿＿＿＿＿＿＿＿＿＿配達されます。さらに、注文した食べ物の配達は、「出前」と呼びます。出前は電話だけでなく、＿＿＿＿＿＿＿＿＿＿ことができるところもあります。一方、配達専門の業者が行う配達を＿＿＿＿と言います。これは、主に＿＿＿＿で受付けているのですが、最近は、自宅や会社まで荷物を＿＿＿＿＿＿＿＿＿＿サービスも生まれました。重い＿＿＿＿＿＿＿＿などを家から、希望の送り先まで届けてもらえるのです。日本の配達では、届け先の人が留守の場合は、＿＿＿＿＿＿＿＿＿＿＿＿＿＿、都合のいい日時を指定して＿＿＿＿＿＿＿＿＿＿ようになっています。

話しましょう

1. あなたが利用したい日本の配達は何ですか。
2. 日本の配達と中国の配達の違いや共通点について話しましょう。

もういっぱい

1. 次の会話を聞いて、あとに続く言葉を①、②から選びなさい。
　♪

答え（　　　）

2. 次のスキットを聞いて、これからどこへ行くか、最も適当だと思うものを選びなさい。
【言葉：課長　　知り合い　　娘さん　　運転　　結婚式】
【～のは～です：説明】

答え（　　　）

第18課　ブログ

ウォーミングアップ

☆　次の単語を聞いて共通のトピックを答えなさい。

答え（　　　　　　）

問題 I　絵を見て、正しい答えを一つ選びなさい。

質問　女の人の写真はどれですか。

答え（　　　　　　）

問題 II　録音を聞いて、あとの問いの答えの中から、正しいものを一つ選びなさい。

1. 女の人はなぜ怒っているのですか。

　　　　　　　　　　　　　　　　　　　　　　　　　　答え（　　　　　）

2. これはどこでの会話ですか。

　　　　　　　　　　　　　　　　　　　　　　　　　　答え（　　　　　）

3. 男の人は何と言っていますか。

　　　　　　　　　　　　　　　　　　　　　　　　　　答え（　　　　　）

問題 III　あなたは日本人の友だちと話しています。会話を聞いて、適切な答えを選びなさい。

1. あなた：どうしたの。なんか嬉しそうな顔してるね。いいことでもあったの？
　　友だち：♪
　　あなた：富士山と言えば世界遺産にもなったよね。
　　友だち：　　　　　　　　　　　　　　　　　　　　答え（　　　　　）
　　　　a. そうだよ。一度でいいから登ってみたかったんだ。
　　　　b. それはどうかな。登ってみないと分からないでしょうね。

2. あなた：あそこのおそば屋さんって、お客さんがみんな立って食べてるよ。
　　友だち：♪
　　あなた：へえ、立ったままで疲れないのかなあ。
　　友だち：♪
　　あなた：　　　　　　　　　　　　　　　　　　　　答え（　　　　　）
　　　　a. 中国では見たことないけど、いいアイディアかもしれないね。
　　　　b. 日本のサラリーマンと言えば楽だから、きっと役に立つね。

3. 友だち：♪
　　あなた：何時までに出ないといけないんだっけ。

友だち：♪
あなた：もっと調べたいものがあるんだけど、もう少しいいかな。
友だち：♪
あなた：　　　　　　　　　　　　　　　　　　　　　答え（　　　　）
　　　a. じゃあ、荷物を置いたままにしてもいいね。
　　　b. じゃあ、急いで片づけるよ。

4. あなた：昨日、遅くまで話し声が聞こえてたけど、誰か来てたの?
　　友だち：♪
　　あなた：　　　　　　　　　　　　　　　　　　　　　答え（　　　　）
　　　a. 涼しくてよかったね。
　　　b. それ風邪ひくよね。私もやっちゃったことある。

5. あなた：生まれてからずっと名古屋?
　　友だち：♪
　　あなた：お父さんの仕事の関係?
　　友だち：♪
　　あなた：　　　　　　　　　　　　　　　　　　　　　答え（　　　　）
　　　a. それはいいね。
　　　b. ということは、名古屋がふるさとだね。

問題 IV　録音を聞いて、あとの問いに答えなさい。

キーワード
ブログ　　経つ　　専門用語　　メモ　　サイト　　名所 バンド　　役立つ　　夜景　　出かける

1. 話の内容と合っているものに○をつけなさい。

①	②	③	④

2. 質問に答えなさい。
① 平井さんは言葉の意味が分からない時、どうしますか。
② 平井さんはいつも寂しいと思っていますか。
③ 平井さんにとって、何が難しいですか。

問題 V　録音を聞いて、文を完成しなさい。

　　ブログというのは、＿＿＿＿＿＿＿＿＿＿＿＿＿＿＿＿＿＿＿＿の総称です。主に個人が、＿＿＿＿＿や自分の主張などを、＿＿＿＿＿＿＿＿＿＿＿＿。内容としては、政治・社会問題に関する＿＿＿＿＿＿を扱うものから、＿＿＿＿＿＿＿＿＿＿＿＿＿＿＿＿＿＿＿＿＿です。読み手が、＿＿＿＿＿＿＿＿＿＿＿＿＿＿＿ことができるのも＿＿＿＿＿＿＿＿＿理由の一つです。日本では、＿＿＿＿＿から広まったと言われています。日本の＿＿＿＿＿＿のブログには、海外から＿＿＿＿＿＿＿＿＿ことができ、＿＿＿＿＿＿＿＿＿＿＿の普及に影響しているようです。このような背景には、＿＿＿＿＿＿＿＿＿の普及があります。多くの人々に対して＿＿＿＿＿＿＿＿＿を通して、誰でも＿＿＿＿＿＿＿日本語で個人の意見や知識を伝えることができるようになったと言えるでしょう。

話しましょう

1. ブログが人気を集めている理由は何だと思いますか。
2. 中国のブログにはどんなものがあるか説明してください。

もういっぱい

1. 次の会話を聞いて、あとに続く言葉を①、②から選びなさい。
　♪

　　　　　　　　　　　　　　　　　　　　　　　　答え（　　　　）

2. 次のスキットを聞いて、どこで話しているか、最も適当だと思うものを選びなさい。
【言葉:熱　入院する　薬　注射を打つ　ほっとする】
【〜でしょう:推量】【〜かもしれません:推量】

　　　　　　　　　　　　　　　　　　　　　　　　答え（　　　　）

第19課　　運動会

ウォーミングアップ

☆　次の単語を聞いて共通のトピックを答えなさい。
答え（　　　　　　　）

問題 I　絵を見て、正しい答えを一つ選びなさい。

質問　女の人の髪はどうなりましたか。

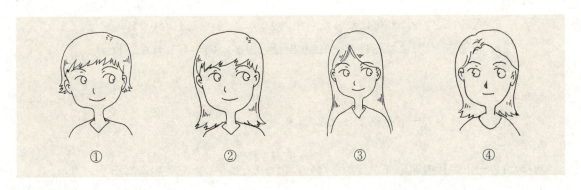

答え（　　　　　）

問題 II　録音を聞いて、あとの問いの答えの中から、正しいものを一つ選びなさい。

1. 男性はどうしますか。

　　　　　　　　　　　　　　　　　　　　　　　　　　　答え（　　　　　）

2. 男性の小包が到着するのにどのくらいかかりますか。

　　　　　　　　　　　　　　　　　　　　　　　　　　　答え（　　　　　）

3. この男性はどうやって会社に来ましたか。

　　　　　　　　　　　　　　　　　　　　　　　　　　　答え（　　　　　）

問題 III　あなたは日本人の友だちと話しています。会話を聞いて、適切な答えを選びなさい。

1. あなた：最近、知らない人からよく電話がかかってくるんだけど…。
　　友だち：♪
　　あなた：どうして?
　　友だち：♪
　　あなた：　　　　　　　　　　　　　　　　　　　　　答え（　　　　　）
　　　　　a. なるほど、やはり気になったら出た方がいいかもしれないね。
　　　　　b. なるほど、気になるけど、やはり出ない方がいいかもしれないね。

2. 友だち：♪
　　あなた：クレジットカードを落としたみたい。
　　友だち：♪
　　あなた：カード会社の連絡先が分からないんだけど、どうしたらいいんだろう。
　　友だち：　　　　　　　　　　　　　　　　　　　　　答え（　　　　　）
　　　　　a. そうだね。まずは、警察に盗難届けを出そう。
　　　　　b. そうだね。じゃ、一緒に調べてカードを止めてもらおう。

3. あなた：コンビニでくれるビニール袋って、もったいないと思わない?
　　友だち：♪

あなた：でも、袋がそのまま捨てられて、ゴミが増えるんじゃないかな。それに、その袋を作るために大量のエネルギーが必要になるらしいよ。
友だち：♪
あなた：　　　　　　　　　　　　　　　　　　　　　　　　答え（　　　　　）
　　　a. やはりビニール袋は環境保護につながるね。
　　　b. できるだけ、もらわない方がいいよね。

4. あなた：最近の異常気象の原因って、いったいなんだろう。
　　友だち：♪
　　あなた：　　　　　　　　　　　　　　　　　　　　　　　答え（　　　　　）
　　　a. では、ゴミの分別に気をつけないといけないね。
　　　b. では、地球温暖化をなんとかしないといけないね。

5. 友だち：♪
　　あなた：ええ、私の口に合うよ。日本に来てから、食べすぎて体重が増える一方なんだよ。この間、両親とTV電話で話したときに、顔が丸くなったって言われてしまった。
　　友だち：♪
　　あなた：　　　　　　　　　　　　　　　　　　　　　　　答え（　　　　　）
　　　a. その通り。でも、洋服が着られなくなると困るよ。
　　　b. そうだね。やはりダイエットが必要だね。

問題 IV　あなたは周さんです。友だちの上田さんと話しています。会話を聞いて、あとの問いに答えなさい。

キーワード				
食欲	幼稚園	応援する	競技	手作り	体力低下
やめる	無理に	全国民	共通	行事	続く

1. 話の内容と合っているものに○をつけなさい。

①	②	③	④

2. 質問に答えなさい。
① 毎年いつごろ運動会が開催されますか。
② 運動会に行った家族は何をしますか。
③ どうして小学生の体力低下で競技をやめたり変更したりすると思いますか。

問題Ⅴ　録音を聞いて、文を完成しなさい。

　日本では＿＿＿＿＿＿＿＿で、全国の＿＿＿＿＿＿＿＿＿＿＿＿＿＿＿＿＿において運動会が開かれます。特に小学校では、＿＿＿＿＿＿＿＿に開かれるので、家族が＿＿＿＿＿＿＿＿を持って出かけます。以前は＿＿＿＿＿＿＿＿運動会ですが、近年、東京都内の学校では、＿＿＿＿＿＿＿＿＿＿＿＿に開くところもあります。運動会では、色々な競技が行われます。伝統的な競技と言えば、＿＿＿＿＿＿＿＿＿＿＿＿＿＿＿＿などがあります。いずれの場合も、＿＿＿＿＿＿＿＿＿＿＿＿＿＿＿ので、会場は大いに盛り上がります。日本の運動会は、＿＿＿＿＿＿＿＿＿＿＿場ではなく、＿＿＿＿＿＿＿を育てます。また、＿＿＿＿で参加し、子どもからお年寄りまで楽しめる＿＿＿＿＿でもあります。近年では、日本人が作り出した運動会という一つの文化が、＿＿＿＿＿＿＿＿＿＿＿＿を見せています。

話しましょう

1. 日本の運動会の特徴について説明してください。
2. 中国の運動会について話しましょう。

もういっぱい

1. 次の会話を聞いて、あとに続く言葉を①、②から選びなさい。
　♪

答え（　　　　　）

2. 次のスキットを聞いて、どの色を選んだか、最も適当だと思うものを選びなさい。
【言葉:壁　　寂しい　　ピンク】
【〜がします:感覚】【〜なくてもいいです:譲歩】

答え（　　　　　）

第20課　　北海道

ウォーミングアップ

☆　次の単語を聞いて共通のトピックを答えなさい。

答え（　　　　　　）

問題 I　絵を見て、正しい答えを一つ選びなさい。

質問　男の人が買ったのはどの服ですか。

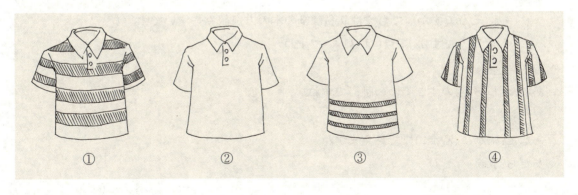

① 　　　② 　　　③ 　　　④

答え（　　　　　　）

問題 II　録音を聞いて、あとの問いの答えの中から、正しいものを一つ選びなさい。

1. 男性はなぜタクシーを利用するのですか。

答え（　　　　）

2. この男性はなぜ上海へ行くのですか。

答え（　　　　）

3. 男の人にとって、このコーヒー店の何が問題なのですか。

答え（　　　　）

問題 III　あなたは日本人の友だちと話しています。会話を聞いて、適切な答えを選びなさい。

1. あなた：スマホで何を読んでいるんですか。
　　友だち：♪
　　あなた：ああ、電子書籍と言われているものですね。
　　友だち：♪
　　あなた：　　　　　　　　　　　　　　　　　答え（　　　　）
　　　　a. そうですか。でもやはり私は紙の本の方が読みやすいです。
　　　　b. そうですか。それは嬉しいですね。

2. あなた：わあ、ものすごくいい眺めですね。
　　友だち：♪
　　あなた：確かに、富士山まで見えますね。
　　友だち：♪
　　あなた：　　　　　　　　　　　　　　　　　答え（　　　　）
　　　　a. なるほど、早起きしたらいいことがありましたね。
　　　　b. なるほど、午後来たら良かったですね。

3. あなた：朝ご飯はいつも何を食べていますか。
　　友だち：♪

あなた：やっぱり日本人ですね。私は納豆が苦手です。
友だち：♪
あなた：　　　　　　　　　　　　　　　　　　　　　　答え（　　　　）
　　　a. じゃあ、今度ためしてみます。
　　　b. なるほど、分かりました。

4. あなた：もうすぐクリスマスですね。どこで食事したらいいか教えてください。
　　友だち：♪
　　あなた：ほんとうですか。でも、高そうですね。
　　友だち：♪
　　あなた：　　　　　　　　　　　　　　　　　　　　　　答え（　　　　）
　　　a. すみません。大変なので諦めます。
　　　b. ありがとう。よろしくお願いします。

5. あなた：日本はゴミ箱が少ないのに町がきれいですね。
　　友だち：♪
　　あなた：へえ、自分の家だけきれいにする訳じゃないんですね。
　　友だち：♪
　　あなた：　　　　　　　　　　　　　　　　　　　　　　答え（　　　　）
　　　a. いいなあ。私の国は経済が発達して、汚くなる一方ですよ。
　　　b. なるほど、それは仕方ないですね。

問題 IV　録音を聞いて、あとの問いに答えなさい。

キーワード				
北国	旅	四泊五日	雪まつり	映画　ロケ地巡り
彫刻	作品	驚く	舞台	撮影

1. 話の内容と合っているものに〇をつけなさい。

①	②	③	④

2. 質問に答えなさい。
① 彼女たちが北海道を旅行したのは何回目ですか。
② その雪の彫刻には、主にどんな形のものが多かったのですか。
③ 彼女たちは、雪祭りのほかにどこに行って何をしましたか。

問題 V　録音を聞いて、文を完成しなさい。

　　去年の2月に、私は_____と一緒に北海道へ旅行に行きました。彼は_____なので、色々な_____。まず初日は、_____で旭山動物園に行きました。この動物園は、日本で_____動物園です。その理由は、動物がしている_____ことができるという、_____にありました。その日の夕方、_____に移動しました。ここは、_____と雪を照らしていて、とてもきれいでした。翌朝札幌に行き、_____を楽しみました。人物や動物や建物などの、_____がたくさん並んでいました。どれも立派で、とても_____、本当に感動しました。今度は夏の北海道を訪れて、_____にも行きたいと思っています。

話しましょう

1. 私は両親と北海道旅行でどんなところに行きましたか。
2. あなたが北海道旅行に行くことができたら、何をしたいですか。

もういっぱい

1. 次の会話を聞いて、あとに続く言葉を①、②から選びなさい。

　　　　　　　　　　　　　　　　　　　　　　　　　　答え（　　　　　）

2. 次のスキットを聞いて、男の人は誰について話しているか、最も適当だと思う人を選びなさい。
【言葉：お見舞い　　退院　　いい年　　看病】
【～そうです：伝聞】【～といいです：提案】

　　　　　　　　　　　　　　　　　　　　　　　　　　答え（　　　　　）

コラム

「うち」と「そと」

　日本では、二月の節分に「鬼は外、福は内」という掛け声で大豆を撒く習慣があります。これは「うち」と「そと」をきちんと区別した見方に関係しています。日本人はいつも「家」を「うち」として見ています。家の外の世間が「そと」になります。節分の豆まきの掛け声には幸せが家に来るように、そして、いやなことが家からなくなるようにという意味があるのです。その「うち」という呼び方は自分の家族にも使うし、自分の勤める会社や、自分の住んでいる地域にも使います。それは日本独特の村意識の表れだと言われています。

ロールプレー

1. 「うち」と「そと」、自分と他人との関係をどう思いますか。
2. あなたは国際化について、どのように考えていますか。

第21課　　日本の学校教育

ウォーミングアップ

☆　次の単語を聞いて共通のトピックを答えなさい。
答え（　　　　　　）

問題 I　絵を見て、正しい答えを一つ選びなさい。

質問　本屋で男の人が日本語学習の本を探しています。日本語学習の本はどこにありますか。

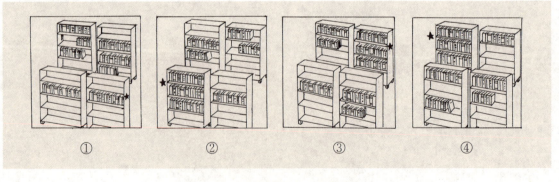

答え（　　　　　　）

問題 II　録音を聞いて、あとの問いの答えの中から、正しいものを一つ選びなさい。

1. 彼らはどこで会話していますか。

答え（　　　　　）

2. 男の人の仕事は何日で出来ますか。

答え（　　　　　）

3. 女の人と男の人は何について話していますか。

答え（　　　　　）

問題 III　あなたは寮の管理人さんと話しています。会話を聞いて、適切な答えを選びなさい。

1. あなた：今日から駅前の商店街は、冬のバーゲンセールらしいですね。
　　管理人：♪
　　あなた：　　　　　　　　　　　　　　　　　　　答え（　　　　　）
　　　　a. そうなんですね。ダウンジャケットがほしいと思っていたので、探してみます。
　　　　b. そうなんですね。でも、もうほとんど売り切れでしょうね。

2. あなた：管理人さんの娘さんはきれいですね。
　　管理人：♪
　　あなた：　　　　　　　　　　　　　　　　　　　答え（　　　　　）
　　　　a. 大丈夫ですよ。きれいなうえにスタイルもいいから心配ですね。
　　　　b. 大丈夫ですよ。私はやっと最近、自分で掃除するようになりましたから。

3. 管理人：♪
　　あなた：そうですね。休暇になると、海外に行く人が多いです。
　　管理人：♪
　　あなた：　　　　　　　　　　　　　　　　　　　答え（　　　　　）
　　　　a. はい、私もびっくりしました。私もいつか行ってみたいです。

　　　　b. はい、管理人さんも良かったですね。

4. 管理人：♪
　　あなた：はい、毎日、学校とバイト先の往復ばかりでつまらないんです。
　　管理人：♪
　　あなた：　　　　　　　　　　　　　　　　　　　　　　　　答え（　　　　）
　　　　a. そうですね。もっとがんばって勉強します。
　　　　b. そうですね。気分転換が必要ですね。

5. あなた：同じ日本料理でも、関東と関西では味が違うんですか。
　　管理人：♪
　　あなた：へえ、スープを見るんですか。
　　管理人：♪
　　あなた：　　　　　　　　　　　　　　　　　　　　　　　　答え（　　　　）
　　　　a. なるほど、食べなくても見ればわかるということですね。
　　　　b. なるほど、食べてみないと分からないということですね。

問題 IV　録音を聞いて、あとの問いに答えなさい。

キーワード					
公立　ゆとり　のびのび　児童生徒　学力　脱ゆとり　トイレ　運営					
学歴　進学　傾向　向上　家計　占める　割合　格差　顕著					

1. 話の内容と合っているものに○をつけなさい。

①	②	③	④

2. 質問に答えなさい。
① 日本の公立学校では、なぜ「ゆとり教育」をやめたのですか。
② 日本ではどのような方法でいい大学に進学させるのですか。
③ 最近の日本では、どのような問題がはっきりしてきましたか。

問題 V　録音を聞いて、文を完成しなさい。

　日本の学校教育の特徴は、＿＿＿＿＿＿＿＿＿＿を教えるだけではなく「＿＿＿＿＿＿」という考え方です。そのため小学校から、＿＿＿＿＿＿＿＿＿はすべて児童が行い、＿＿＿＿＿＿＿も任せます。また、＿＿＿＿＿が進んでいますので、＿＿＿＿＿＿＿＿＿＿＿の実践を教科書や学校生活を通して学んでいます。中学校や高校では、生徒はだいたい自分の＿＿＿＿＿＿＿＿＿＿部活動をしています。＿＿＿＿＿＿＿＿＿などの運動部もあれば、＿＿＿＿＿＿＿などの芸術部もあります。しかし、受験は＿＿＿＿＿＿＿＿大事な問題ですので、＿＿＿＿＿＿＿で勉強する子どもが多く、＿＿＿＿＿＿＿＿＿＿＿は大きいと言えます。そのため、＿＿＿＿＿＿＿＿＿＿＿＿＿＿＿を決める傾向があり、近年では、＿＿＿＿＿＿＿＿＿＿＿が大きくなっています。さらに、学校での＿＿＿＿＿＿＿＿＿＿＿＿は、なかなか解決のできない深刻な状況にあります。

話しましょう

1. 日本の学校教育でよく話題になる問題は何ですか。また、なぜその問題は解決が難しいと思いますか。
2. 学校教育における中国と日本の問題の違いについて話してください。

もういっぱい

1. 次の会話を聞いて、あとに続く言葉を①、②から選びなさい。
　♪

　　　　　　　　　　　　　　　　　　　　　　　　　　　答え（　　　）

2. 次のスキットを聞いて、何について話しているか、最も適当だと思う話題を選びなさい。
【言葉:うわさ　主役　バック　ストーリー　展覧会　コンサート　演劇】
【〜のようです:比況】【〜てくれます:授受】

　　　　　　　　　　　　　　　　　　　　　　　　　　　答え（　　　）

第22課　お正月

ウォーミングアップ

☆　次の単語を聞いて共通のトピックを答えなさい。
答え（　　　　　）

問題 I　絵を見て、正しい答えを一つ選びなさい。

質問　正しい順番はどれですか。

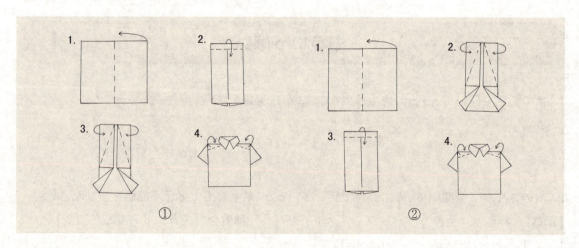

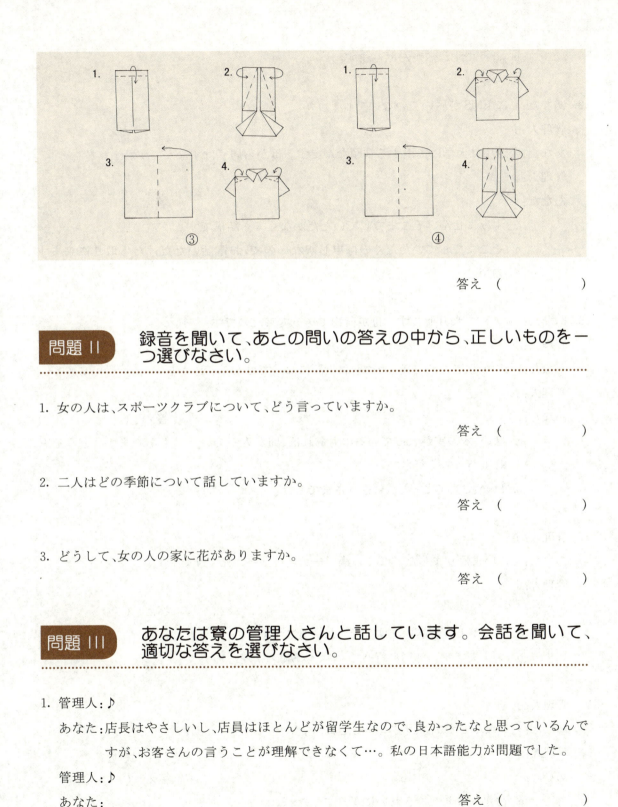

答え（　　　　）

問題 II　録音を聞いて、あとの問いの答えの中から、正しいものを一つ選びなさい。

1. 女の人は、スポーツクラブについて、どう言っていますか。

答え（　　　　）

2. 二人はどの季節について話していますか。

答え（　　　　）

3. どうして、女の人の家に花がありますか。

答え（　　　　）

問題 III　あなたは寮の管理人さんと話しています。会話を聞いて、適切な答えを選びなさい。

1. 管理人：♪

　　あなた：店長はやさしいし、店員はほとんどが留学生なので、良かったなと思っているんですが、お客さんの言うことが理解できなくて…。私の日本語能力が問題でした。

　　管理人：♪

　　あなた：　　　　　　　　　　　　　　　　　　　　　　　答え（　　　　）

　　　　a. そうですね。やっぱり無理かもしれません。

b. そうですね。がんばります。

2. あなた：私にEMSが届いていないでしょうか。
   管理人：♪
   あなた：今週中に大学に提出する書類なんです。母から届くはずなんですが…。
   管理人：♪
   あなた：　　　　　　　　　　　　　　　　　　　　　　　　答え（　　　　）
   a. すみません。そこまでしていただかなくても結構です。
   b. そこまでしていただくのは申し訳ないので、お電話いただけたら取りに来ますので。

3. あなた：あのう、これ月餅です。母が荷物で送って来たのです。
   管理人：♪
   あなた：いえいえ、こちらこそ、いつもお世話になってばかりですから。
   管理人：♪
   あなた：　　　　　　　　　　　　　　　　　　　　　　　　答え（　　　　）
   a. はい、木の実が入っているのもあれば、卵が入っているのもあります。どうぞ召し上がってください。
   b. はい、こちらこそ、ごちそうさまでした。

4. 管理人：♪
   あなた：ただいま帰りました。ゼミの鍋パーティーだったんです。
   管理人：♪
   あなた：　　　　　　　　　　　　　　　　　　　　　　　　答え（　　　　）
   a. ありがとうございます。それは大変です。
   b. 大丈夫です。部屋に行って、すぐ休みますから。

5. 管理人：♪
   あなた：そうなんですか。図書室は使えないですか。
   管理人：♪
   あなた：　　　　　　　　　　　　　　　　　　　　　　　　答え（　　　　）
   a. 分かりました。きれいになりましたね。
   b. 分かりました。きれいになるのが楽しみです。

問題 IV　録音を聞いて、あとの問いに答えなさい。

キーワード

お中元　　お歳暮　　特設　　迎え火　　送り火　　満席
帰省　　渋滞　　灯篭流し　　灯す　　供え物

1. 話の内容と合っているものに○をつけなさい。

①	②	③	④

2. 質問に答えなさい。
① 日本のデパートではなぜお盆と年末になると、贈答品売り場を特設しますか。
② お盆になると、なぜ大都会に出ている人々が故郷へ帰るのですか。
③ お盆や年末のシーズンになると、どのように混雑しますか。

問題 V　録音を聞いて、文を完成しなさい。

　日本では、新しい年が始まる1月1日を_____があります。その前日である12月31日の大晦日の夜12時を中心に、_____「除夜の鐘」を鳴らし始めます。除夜の鐘は、_____、人々を救おうという仏教の教えに基づいており、_____。元旦になると多くの人が_____。日本のお正月で特徴的なのは、「_____」の交換です。知人や友人、会社の_____、親戚などに_____を書いて、お正月に_____ものです。近年では、_____の普及に伴い、新年の挨拶を_____が増えています。特に若い世代にとっては、_____に変化しつつあるようです。

話しましょう

1. 日本のお正月の様子について知っていることを話しましょう。
2. 中国のお正月について説明しましょう。

もういっぱい

1. 次の会話を聞いて、あとに続く言葉を①、②から選びなさい。
   ♪
   答え（　　　）

2. 次のスキットを聞いて、何について話しているか、最も適当だと思う話題を選びなさい。
   【言葉：じゃま　　参加　　パス　　シュート　　蹴る　　グラウンド】
   【〜てはいけません：禁止】【〜なくてもかまいません：譲歩】
   答え（　　　）

第23課　　日本の祝日

ウォーミングアップ

☆　次の単語を聞いて共通のトピックを答えなさい。

答え　（　　　　　　　）

問題 I　絵を見て、正しい答えを一つ選びなさい。

質問　正しい順番はどれですか。

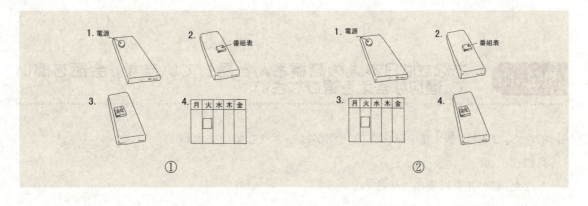

③　　　　　　　　　　　　　　　　④

答え（　　　　　）

問題 II　録音を聞いて、あとの問いの答えの中から、正しいものを一つ選びなさい。

1. 課長はどんな人ですか。

答え（　　　　　）

2. 正しい答えはどれですか。

答え（　　　　　）

3. 正しい答えはどれですか。

答え（　　　　　）

問題 III　あなたは日本人の高橋さんと話しています。会話を聞いて、適切な答えを選びなさい。

1. あなた：日本は、春・夏・秋・冬の区別がはっきりしていますね。

　　高橋：♪

　　あなた：春の花見は有名ですよね。

　　高橋：♪

　　あなた：

答え（　　　　　）

　　　　a. そうですか。高橋さんは、春が好きですか、それとも夏が好きですか。
　　　　b. なるほど、おもしろいですね。日本人らしい生活の知恵ですね。

2. 高橋:♪

あなた:私も一人っ子ですが、両親が共働きだったので、家事は結構やらされましたよ。

高橋:♪

あなた: 　　　　　　　　　　　　　　　　　　　　　答え（　　　　　）

    a. はい、おかげさまで、留学しても一人でやっていけます。

    b. はい、そのせいで、留学してから苦労しています。

3. 高橋:♪

あなた:いいですよ。ぜひ、私に教えさせてください。

高橋:♪

あなた:それは嬉しいです。

高橋:♪

あなた: 　　　　　　　　　　　　　　　　　　　　　答え（　　　　　）

    a. はい、試験が終わったら、娘さんに連絡させていただきますので。

    b. はい、すぐに娘さんに連絡させますから大丈夫です。

4. 高橋:♪

あなた:日本で就職するか、それとも国に帰って就職するか、迷っています。

高橋:♪

あなた: 　　　　　　　　　　　　　　　　　　　　　答え（　　　　　）

    a. はい、国で就職させてもらいたいと思います。

    b. はい、私に帰って来てもらいたいようです。

5. 高橋:♪

あなた:冬の札幌はとても寒いですよね。

高橋:♪

あなた: 　　　　　　　　　　　　　　　　　　　　　答え（　　　　　）

    a. 私もです。冬の北海道は寒すぎますから。

    b. 私もです。冬に行けば、冬らしい体験ができますから。

問題 IV　録音を聞いて、あとの問いに答えなさい。

キーワード
文部科学省　　行政機関　　平和　　制定　　学園祭　　文化祭　　学芸会 企画展　　町中　　芸術　　催し物　　文化勲章　　授与　　貢献　　称える

1. 話の内容と合っているものに○をつけなさい。

①	②	③	④

2. 質問に答えなさい。
① 日本の「文化の日」はいつ、何のために制定されましたか。
② 文化勲章は、どんな人に授与されるのですか。
③ 文化の日には、どんな活動や催し物が多くなりますか。

問題 V　録音を聞いて、文を完成しなさい。

　　日本では、国民の祝日と言われるものが、＿＿＿＿＿＿＿＿＿＿になりました。そのうちの＿＿＿＿＿＿＿＿＿＿しています。日本の秋は、昔から「芸術の秋」「＿＿＿＿＿」「スポーツの秋」「＿＿＿＿＿」と呼ばれるように、文化や芸術・スポーツに＿＿＿＿＿＿＿だからです。例えば、＿＿＿＿＿＿＿＿＿＿＿＿。この日は、スポーツ精神を通じて、明るく健康な＿＿＿＿＿＿＿＿＿＿＿＿。また、11月3日は「文化の日」となっており、＿＿＿＿＿＿＿＿＿＿＿が与えられます。そして、この日を中心に各地で文化や芸術に関する＿＿＿＿＿＿＿。さらに、＿＿＿＿＿＿＿＿＿＿と制定され、国民の祝日は合計16日になります。これは、＿＿＿＿＿＿＿＿＿＿と言われる日本の意外な一面と言えるのかもしれません。

話しましょう

1. 日本の祝日には、他にどんなものがあるか話しましょう。
2. あなたの知っている中国の祝日について話してください。

もういっぱい

1. 次の会話を聞いて、あとに続く言葉を①、②から選びなさい。
　♪

　　　　　　　　　　　　　　　　　　　　　　　　　答え（　　　　）

2. 次のスキットを聞いて、何について話しているか、最も適当だと思う話題を選びなさい。
【言葉：丸い　　ロケット　　地球　　月　　太陽】
【～たことがあります：経験】【～てみます：意図】

　　　　　　　　　　　　　　　　　　　　　　　　　答え（　　　　）

第 24 課　　コインランドリー

ウォーミングアップ

☆　次の単語を聞いて共通のトピックを答えなさい。
答え（　　　　　）

問題 I　絵を見て、正しい答えを一つ選びなさい。

質問　正しい順番はどれですか。

答え（　　　　）

問題 II 録音を聞いて、あとの問いの答えの中から、正しいものを一つ選びなさい。

1. 正しい番号を選びなさい。

答え（　　　　）

2. 費用は全部でいくらになりますか。

答え（　　　　）

3. 二人はどんな関係ですか。

答え（　　　　）

問題 III あなたは日本人の高橋さんと話しています。会話を聞いて、適切な答えを選びなさい。

1. あなた：東京は、違う会社の私鉄の乗り換えがとても便利ですよね。

　高橋：♪

　あなた：　　　　　　　　　　　　　　　　　答え（　　　　）

　　a. それで、会うたびになかなか言えなかったんです。

　　b. 地下鉄から電車に乗り換えるたびに、すごいなあと感心しています。

2. あなた：日本はどうして台風による被害が多いんですか。ニュースでよく報道していますよね。

   高橋：♪

   あなた：　　　　　　　　　　　　　　　　　　　　　答え（　　　　　）

   　　a. なるほど、日本では台風なんて心配してはいけませんね。
   　　b. なるほど、日本人は自然とうまく付き合わなければなりませんね。

3. あなた：昨日の台風13号はすごかったですね。帰る時、傘が壊れてしまいました。

   高橋：♪

   あなた：　　　　　　　　　　　　　　　　　　　　　答え（　　　　　）

   　　a. じゃあ、ニュースを聞いたり新聞を読んだりしたほうがいいですね。
   　　b. それなら、心配しなくてもいいですね。

4. 高橋：♪

   あなた：はい、大学の図書館に置いてあるので、いつも読んでいます。新聞は漢字が多いので、内容がわかりやすいですね。

   高橋：♪

   あなた：　　　　　　　　　　　　　　　　　　　　　答え（　　　　　）

   　　a. 日本の漢字を書くのが難しいです。
   　　b. 子どもの絵本が難しいです。漢字がなくて、ころころや、ぽろぽろなどオノマトペが多くて理解しにくいです。

5. 高橋：♪

   あなた：ありがとうございます。おかげさまで合格しました。敬語が上手だとほめられて、言葉にならないぐらいうれしかったです。高橋さんのアドバイスのおかげです。

   高橋：♪

   あなた：　　　　　　　　　　　　　　　　　　　　　答え（　　　　　）

   　　a. 面接なんて簡単なんですね。
   　　b. 本当に、高橋さんに感謝しています。

問題 IV 録音を聞いて、あとの問いに答えなさい。

キーワード						
メリット	干す	済む	布団	カーテン	梅雨	乾く	腐る
独身	夜中	花粉症	主婦	広がる	汚れ落ち	デメリット	

1. 話の内容と合っているものに〇をつけなさい。

①	②	③	④

2. 質問に答えなさい。
① コインランドリーのメリットは何ですか。
② どんな人たちがコインランドリーをよく利用しますか。
③ コインランドリーのデメリットは何ですか。

問題 V 録音を聞いて、文を完成しなさい。

　　日本では、コインランドリーを使う人が増えています。コインランドリーとは、_____、同じ場所でできるシステムです。そこには洗濯機と乾燥機が_____だったり、_____だったりし、_____。洗濯に来た人達は、終わるまでの間に、_____を読んだり、_____して時間をつぶします。コインランドリーを使う人は、以前は学生や_____が多かったのですが、最近では_____が利用する姿もよく見られます。特に、春先の_____になると、洗濯物を_____ために、コインランドリーを利用する人が多くなるようです。郊外のコインランドリーには、_____ところもあります。

> 話しましょう

1. コインランドリーとはどのようなものか説明してください。
2. 中国の洗濯事情について、日本との違いについて話しましょう。

> もういっぱい

1. 次の会話を聞いて、あとに続く言葉を①、②から選びなさい。
　♪

　　　　　　　　　　　　　　　　　　　　　　　答え（　　　　　）

2. 次のスキットを聞いて、男の人はどの学部を選ぶか、最も適当だと思うものを選びなさい。
【言葉：法律　　興味　　国際法　　法学部　　国際文化学部　　言語文化学部】
【～らしいです：推量】【～なくてはいけません：義務】

　　　　　　　　　　　　　　　　　　　　　　　答え（　　　　　）

第25課　情報化社会

ウォーミングアップ

☆　次の単語を聞いて共通のトピックを答えなさい。

答え　（　　　　　　）

問題 1　絵を見て、正しい答えを一つ選びなさい。

質問　正しい順番はどれですか。

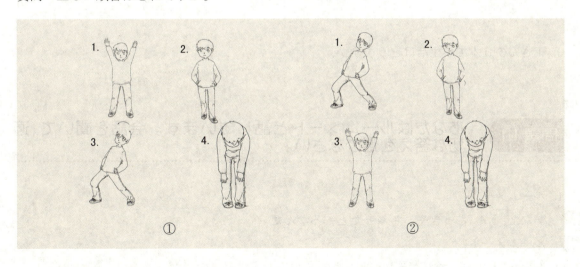

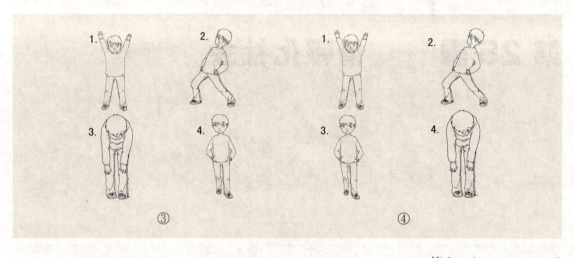

答え（　　　　　）

問題 II　録音を聞いて、あとの問いの答えの中から、正しいものを一つ選びなさい。

1. 今までに全部で本を何冊売り出しましたか。

答え（　　　　　）

2. 女の人の中国語はどうですか。

答え（　　　　　）

3. 王さんの日本での生活はどうですか。

答え（　　　　　）

問題 III　あなたはルームメートと話しています。会話を聞いて、適切な答えを選びなさい。

1. ルームメート：♪
   あなた：うん、さっきやっちゃったところなんだ。
   ルームメート：♪
   あなた：大丈夫。でもグラスが割れちゃって…。
   ルームメート：

答え（　　　　　）

   a. じゃあ、一緒に病院に行こう。

　　　　　　b. また買えばいいよ。

2. ルームメート：♪
　　あなた：夕焼けがきれいだったから、恐らく晴れるでしょう。
　　ルームメート：♪
　　あなた：　　　　　　　　　　　　　　　　　　　　　答え（　　　　　）
　　　　　　a. 昔から祖母が言ってたよ。
　　　　　　b. 若いわりに正しいよ。

3. あなた：新しいバイトはどう？
　　ルームメート：♪
　　あなた：そうか。でも、どこも同じようなもんかもね。
　　ルームメート：　　　　　　　　　　　　　　　　　　答え（　　　　　）
　　　　　　a. そうだね。いいバイトが見つかって良かったよ。
　　　　　　b. そうだね。しばらく様子をみるよ。

4. あなた：この間の試験、難しかったよね。
　　ルームメート：♪
　　あなた：　　　　　　　　　　　　　　　　　　　　　答え（　　　　　）
　　　　　　a. 確かに時間は長かったけど、最後まで頑張ったよ。
　　　　　　b. どうしよう、恐らく私は不合格だろうな。

5. ルームメート：♪
　　あなた：そうだね。同じこと思っていたよ。
　　ルームメート：♪
　　あなた：　　　　　　　　　　　　　　　　　　　　　答え（　　　　　）
　　　　　　a. じゃあ、やっぱり新しいのを買いに行こうよ。
　　　　　　b. 人気がないから安くなっていたのかもね。

問題 IV 録音を聞いて、あとの問いに答えなさい。

キーワード					
出入金	オンライン	バーコード	売り上げ	在庫	瞬時	スマートフォン
急増	ネットワーク	性別	制約	超える	集合体	

1. 話の内容と合っているものに○をつけなさい。

①	②	③	④

2. 質問に答えなさい。
① コンピュータなどの進歩によって、何ができるようになりましたか。
② インターネットを利用する方法は、どう変わりましたか。
③ コンピュータを利用した通信は、どのように変化しましたか。

問題 V 録音を聞いて、文を完成しなさい。

　情報化社会における現代、私たちの生活とインターネットは_____となっています。インターネットは、情報の_____として、家庭・学校・会社など_____で、さまざまな目的のために利用されています。_____によると、日本人のインターネット利用者は、_____となっています。インターネットは、私達の_____が、多くの問題もあります。インターネット上に流れる情報は、_____、それは誰にも分らないことなのです。日本では、携帯電話や_____が、携帯・スマホからインターネットを利用していることが分っています。インターネットへの_____、また_____。

話しましょう

1. 情報化社会の日本において、どのような問題が起きていますか。

2. 中国の現状と比べてみましょう。

もういっぱい

1. 次の会話を聞いて、あとに続く言葉を①、②から選びなさい。
♪

答え（　　　）

2. 次のスキットを聞いて、いつ買い物に行くか、最も適当だと思うものを選びなさい。
【言葉：台風　からっと　ゴルフ　約束　雲　影響】
【～なくて：原因理由】【～ておく：意図】

答え（　　　）

コラム

冠婚葬祭

　冠婚葬祭は、成人式、結婚式、お葬式、お祭りの意味です。その中の成人式は家族では祝うことが少なくなりました。冠婚葬祭の代表は結婚式とお葬式です。結婚式はおめでたい儀式で慶事と呼ばれています。お葬式はめでたくない儀式で弔事と呼ばれています。お祭りも家庭よりは地域で催すことが増えています。このほかに会社で行う行事としては入社式、創立記念式典、御用始めなどの式があります。人間が生れてから成長し死んでいく、その人生の節目で営まれる風習が冠婚葬祭だと言えます。

　日本では、人生の喜びや悲しみを表す作法として、独自のマナーやしきたりが時代と共に少しずつ変化しつつも伝統文化として受け継がれています。

ロールプレー

1. 冠婚葬祭とは何ですか。
2. 中国の冠婚葬祭は日本とどう違いますか。

第26課　若者のファッション

ウォーミングアップ

☆　次の単語を聞いて共通のトピックを答えなさい。

答え（　　　　　）

問題 I　絵を見て、正しい答えを一つ選びなさい。

質問　正しい順番はどれですか。

答え（　　　　）

問題 II　録音を聞いて、あとの問いの答えの中から、正しいものを一つ選びなさい。

1. 本田さんはどんな人ですか。

答え（　　　　）

2. 女の人はどうしますか。

答え（　　　　）

3. 正しい答えを選びなさい。

答え（　　　　）

問題 III　あなたは管理人さんと話しています。会話を聞いて、適切な答えを選びなさい。

1. 管理人：♪

   あなた：母から荷物が来たんです。あの、これ少しですけど、中国のお茶とお菓子です。どうぞ召し上がってください。

   管理人：♪

   あなた：

   答え（　　　　）

   a. では、次回はもらってくださいね。
   b. お口に合えば嬉しいです。

2. 管理人：♪

　　あなた：はい、先月から大学もバイトも忙しくて…。

　　管理人：♪

　　あなた：　　　　　　　　　　　　　　　　　　　　　　答え（　　　　）

　　　　　a. それはそうですが、眠いから仕方ないです。
　　　　　b. そうですね。時間の調整をしてみます。

3. 管理人：♪

　　あなた：電気屋さんのチラシです。炊飯器がほしいなあと考えているんです。

　　管理人：♪

　　あなた：　　　　　　　　　　　　　　　　　　　　　　答え（　　　　）

　　　　　a. そうですね。今は急がない方がいいかもしれませんね。
　　　　　b. そうですね。ネットでも価格比較をして、色々な店を調べてから行ってみます。

4. あなた：管理人さん、ここに自転車を止めてもいいですか。

　　管理人：♪

　　あなた：じゃ、どこに止めればいいですか。

　　管理人：♪

　　あなた：　　　　　　　　　　　　　　　　　　　　　　答え（　　　　）

　　　　　a. 分かりました。北口ってどこでしょうか。
　　　　　b. 分かりました。では、連休明けまでここに置かせてもらいます。

5. 管理人：♪

　　あなた：そうなんです。今日は留学生会館でハロウィンパーティーがあります。

　　管理人：♪

　　あなた：　　　　　　　　　　　　　　　　　　　　　　答え（　　　　）

　　　　　a. はい、このキャラクターが死ぬほど好きなんです。
　　　　　b. はい、一概にアニメファンとは言えないです。

第 26 課　若者のファッション

問題 IV　録音を聞いて、あとの問いに答えなさい。

キーワード							
個性的	多彩	厚手	綿	重ねる	季節感	センス	主流
好む	問う	ツール	演出	価値観	発想	機能	強まる

1. 話の内容と合っているものに○をつけなさい。

①	②	③	④

2. 質問に答えなさい。
① 若者のファッションの主流はどうなっていますか。
② 若者のファッションセンスはどこにポイントが置かれていますか。
③ ファッションがファッションツールだというのは、どういう意味ですか。

問題 V　録音を聞いて、文を完成しなさい。

　　最近の日本の若者のファッションの＿＿＿＿＿＿、ファストファッションが挙げられます。これは、＿＿＿＿＿＿＿＿＿＿＿＿＿＿＿ようになったもので、ファーストフード店で商品を注文した後に、商品が＿＿＿＿＿＿＿＿＿＿＿＿。最新の流行を取り入れながらも、＿＿＿＿＿＿＿を世界的に＿＿＿＿＿＿＿＿＿＿＿＿＿＿＿＿のことです。ファストファッションは特に大学生を中心に受け入れられ、＿＿＿＿＿＿＿＿＿＿＿＿＿＿＿＿＿＿＿＿＿＿＿＿＿＿＿ところが人気です。しかし、一方で個性を楽しみたいという若者には＿＿＿＿＿＿。原宿や渋谷には、＿＿＿＿＿＿＿＿＿＿＿＿＿＿を売っている店があります。＿＿＿＿＿＿＿＿＿しかないものなので、購入には時間がかかりますが、＿＿＿＿＿＿＿＿＿＿＿＿＿＿＿＿＿＿＿＿＿＿＿＿＿と言えます。さらに＿＿＿＿＿＿＿が着たいけれどお金がないという若者には、＿＿＿＿＿＿＿が人気です。郊外にある＿＿＿＿＿＿＿＿＿＿には、休日になると多くの若者が買い物に集まります。

話しましょう

1. 日本の若者のファッションの特徴を挙げてください。
2. 中国の若者のファッションについて話しましょう。

もういっぱい

1. 次の会話を聞いて、あとに続く言葉を①、②から選びなさい。
   ♪

   答え（　　　　）

2. 次のスキットを聞いて、プレゼントはカーネーションと何にするか、最も適当だと思うものを選びなさい。

   【言葉:バーゲン　カーネーション　クッキー　面倒　一生懸命】
   【だけ:限定】

   答え（　　　　）

第27課　ポップカルチャー

ウォーミングアップ

☆　次の単語を聞いて共通のトピックを答えなさい。

答え（　　　　　　）

問題 I　絵を見て、正しい答えを一つ選びなさい。

質問　正しい順番はどれですか。

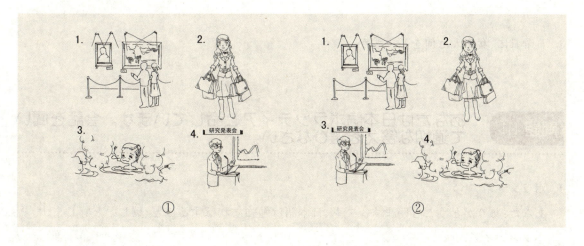

答え（　　　　　）

問題 II　録音を聞いて、あとの問いの答えの中から、正しいものを一つ選びなさい。

1. 正しい答えを選びなさい。

答え（　　　　　）

2. 正しい答えを選びなさい。

答え（　　　　　）

3. 日曜日に、女の人は何をしますか。

答え（　　　　　）

問題 III　あなたは日本語ボランティアと話しています。会話を聞いて適切な答えを選びなさい。

1. ボランティア：♪
   あなた：ありがとうございます。でも、日本語は勉強すればするほど、難しいと感じます。
   ボランティア：♪
   あなた：

答え（　　　　　）

　　a. はい、私はまだまだですから結構です。
　　b. はい、私はまず実際に使いながら練習するのが一番です。

2. ボランティア：♪

    あなた：日本のアイドルです。歌を聴いて日本のアイドルだと知って、日本語で話したり歌ったりしてみたくなったんです。

    ボランティア：♪

    あなた：　　　　　　　　　　　　　　　　　　　　　　　　　答え（　　　　）

    　　a. そうですね。アイドルの歌はやっぱり軽いだけと言ってもいいでしょうね。
    　　b. そうなんですよ。日本のアイドルの歌を軽く見てはいけないですね。

3. ボランティア：♪

    あなた：はい。これからスポーツジムに行く予定なんです。最近、運動不足のせいで太ってきたんです。

    ボランティア：♪

    あなた：　　　　　　　　　　　　　　　　　　　　　　　　　答え（　　　　）

    　　a. ええ、確かにジムで高齢の方をよく見かけます。
    　　b. ええ、確かに日本人の方は運動が大好きです。

4. ボランティア：♪

    あなた：日本のポップカルチャーです。国の大学で日本語が専攻でしたから。

    ボランティア：♪

    あなた：日本のドラマを見たのがきっかけで、日本に興味を持つようになりました。それで、日本語や日本の文化が好きになりました。

    ボランティア：♪

    あなた：　　　　　　　　　　　　　　　　　　　　　　　　　答え（　　　　）

    　　a. はい、好きじゃないので上手になれません。
    　　b. はい、好きだから頑張ります。

5. あなた：奥様が外国人でいらっしゃるそうですね。

    ボランティア：♪

    あなた：どうりで中国語の発音がきれいなわけですね。

    ボランティア：♪

    あなた：　　　　　　　　　　　　　　　　　　　　　　　　　答え（　　　　）

    　　a. すごいですね。私も頑張ります。
    　　b. さすがですね。日本人と言ってもいいくらいです。

問題 IV　録音を聞いて、あとの問いに答えなさい。

> **キーワード**
>
> 大相撲　プロ野球　国技　ファン　根強い　放映　活躍　中継　観戦
> アマチュア　甲子園　ラグビー　ワールドカップ　契機　つながる

1. 話の内容と合っているものに○をつけなさい。

①	②	③	④

2. 質問に答えなさい。
① 甲子園の高校野球大会は毎年いつ、どこで行われていますか。
② なぜ大相撲はファンの数が多いですか。
③ なぜ甲子園の高校野球大会が、国民的行事となっているのですか。

問題 V　録音を聞いて、文を完成しなさい。

　　ポップカルチャーとは、伝統的というよりは、＿＿＿＿＿＿＿＿＿＿＿＿＿文化のことです。日本のポップカルチャーは、具体的には、＿＿＿＿＿＿＿＿＿＿＿＿＿＿＿＿のほか、ファッションや＿＿＿＿＿＿などの分野を対象としています。今や日本のポップカルチャーは、＿＿＿＿＿＿＿＿＿＿＿＿＿となっています。世界の若者に日本のポップカルチャーを＿＿＿＿＿＿＿＿＿では、＿＿＿＿＿＿＿＿＿＿＿＿＿＿＿＿＿＿＿＿＿＿＿＿＿＿などぉ行われています。＿＿＿＿＿＿＿＿にアメリカの＿＿＿＿＿＿＿＿＿＿＿＿＿＿＿＿＿＿＿＿＿には、＿＿＿＿＿＿＿人が集まりました。最近、＿＿＿＿＿＿＿＿＿＿は、日本の＿＿＿＿＿＿＿＿＿＿＿＿＿＿雑誌を創刊し話題となりました。これらを背景に、日本政府は、ポップカルチャーと＿＿＿＿＿＿＿＿＿＿＿＿＿＿＿＿＿＿＿＿＿＿＿＿＿＿＿を開催し、日本文化の海外発信に努めています。

話しましょう

1. 日本のポップカルチャーとはどのようなものですか。
2. 中国のポップカルチャーとの違いについて話してください。

もういっぱい

1. 次の会話を聞いて、あとに続く言葉を①、②から選びなさい。
   ♪

   答え（　　　　）

2. 次のスキットを聞いて、何について話しているか、最も適当だと思う話題を選びなさい。
【言葉：中間試験　　口頭試験　　筆記試験　　今学期】
【〜ようになる：変化】

   答え（　　　　）

第28課　卒業式

ウォーミングアップ

☆　次の単語を聞いて共通のトピックを答えなさい。
答え（　　　　　）

問題 I　絵を見て、正しい答えを一つ選びなさい。

質問　正しい順番はどれですか。

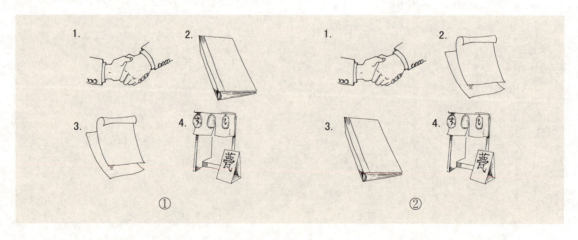

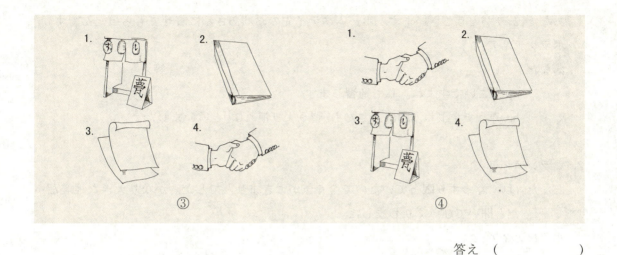

答え（　　　）

> 問題 II　録音を聞いて、あとの問いの答えの中から、正しいものを一つ選びなさい。

1. こたつはいつ使う家具ですか。

答え（　　　）

2. 「やぐら」とはどんなものですか。

答え（　　　）

3. 現在使われているこたつはどんなものですか。

答え（　　　）

4. 観光地ではどこでこたつを見ることができますか。

答え（　　　）

> 問題 III　あなたは日本語ボランティアと話しています。会話を聞いて、適切な答えを選びなさい。

1. ボランティア：♪

　あなた：とっても楽しかったです。スマホで写真撮りました。見てください。

　ボランティア：♪

あなた：ありがとうございます。ホームステイ先のおばあさんに着せてもらったんです。
ボランティア：♪
あなた：　　　　　　　　　　　　　　　　　　　　　　　　答え（　　　　）
　　a. すごいですよね。私も練習します。
　　b. そうですよね。おばあさんも「習うより慣れよ」と言いました。

2. ボランティア：♪
あなた：はい、ぐっすり眠っていたので全く気がつきませんでした。かなり大きな地震だったと聞いてびっくりしました。
ボランティア：♪
あなた：　　　　　　　　　　　　　　　　　　　　　　　　答え（　　　　）
　　a. そうですね。今日こそ部屋に戻ったら準備しようと思います。
　　b. そうですね。そんなに頻繁には起きないので、もう大丈夫ですね。

3. あなた：留学生センターで茶道の体験教室があったんですが、ちょっと質問してもいいですか。
ボランティア：♪
あなた：茶道の精神は「一期一会」って聞きましたが、それはどういう意味なんでしょうか。
ボランティア：♪
あなた：　　　　　　　　　　　　　　　　　　　　　　　　答え（　　　　）
　　a. それは難しいですね。日本の伝統文化ですから。
　　b. なるほど、何となくその感じはわかります。

4. あなた：来月からボランティアをお休みされると聞いたのですが、本当ですか。
ボランティア：♪
あなた：　　　　　　　　　　　　　　　　　　　　　　　　答え（　　　　）
　　a. そうですか。早く元気になってくださいね。
　　b. そうですか。お体に気をつけてくださいね。

5. ボランティア：♪
あなた：ありがとうございます。とても残念ですが、週末は日本語能力試験を受けなければならないんです。
ボランティア：♪

あなた：_____　答え（　　　）
　　　a. 申し訳ありませんが、ぜひお願いします。
　　　b. こちらこそすみません。またの機会に誘ってください。

問題 IV　録音を聞いて、あとの問いに答えなさい。

> キーワード
> 恩師　　将来　　進路　　～年ぶり　　再会　　定年退職
> 姿　　昔のまま　　親身　　報告　　教師　　思い出す

1. 話の内容と合っているものに○をつけなさい。

①	②	③	④

2. 質問に答えなさい。
① 佐々木先生と再会した人は、いつ故郷へ帰ったのですか。
② 佐々木先生と再会した人は、今年で何歳になりますか。
③ この人は、昔のことを思い出したとき、どういう気持ちになりますか。

問題 V　録音を聞いて、文を完成しなさい。

　日本では、_____卒業式が行われます。日本の会社や学校、そして_____は、すべて_____ようになっています。_____、小・中・高校と大学では卒業式の後、先生に_____がよく開かれます。大学の卒業式では、卒業生達の_____が見られますが、_____挙げられます。_____、入園式、入学式、入社式などが行われます。新しい_____小学一年生、慣れない制服の中高生、_____。卒園式や卒業式、入園式や入学式は_____ことも多く、以前は母親だけが出席していました。しかし最近は、_____出席する家庭が多くなりました。

> 話しましょう

1. 日本の卒業式の特徴について説明してください。
2. 中国の卒業式との違いについて話しましょう。

> もういっぱい

1. 次の会話を聞いて、あとに続く言葉を①、②から選びなさい。
   ♪

   答え（　　　　）

2. 次のスキットを聞いて、何について話しているか、最も適当だと思う話題を選びなさい。
【言葉：もったいない　弁当　ハイキング　郊外　春節　ゴールデンウイーク】
【～も～し、～も～し：並列】

   答え（　　　　）

第29課　企業文化

ウォーミングアップ

☆　次の単語を聞いて共通のトピックを答えなさい。
答え（　　　　　）

問題 1　絵を見て、正しい答えを一つ選びなさい。

質問　正しい順番はどれですか。

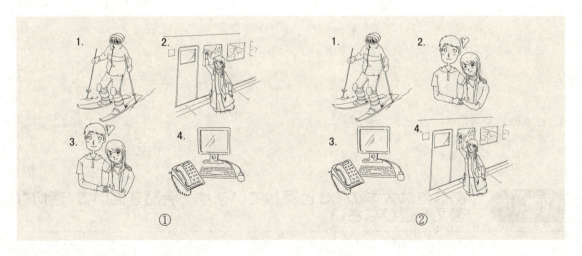

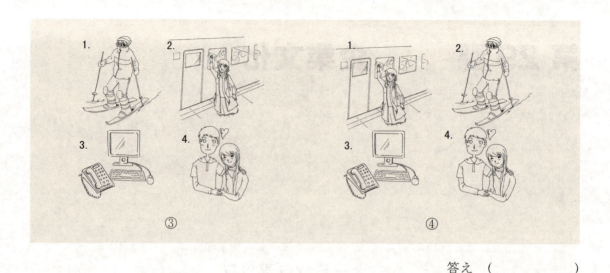

答え（　　　　　）

問題 II　録音を聞いて、あとの問いの答えの中から、正しいものを一つ選びなさい。

1. 王さんは日本に来てどのくらいですか。

答え（　　　　　）

2. 王さんにとって日本の食べ物はどうですか。

答え（　　　　　）

3. 王さんはどんな食べ物が食べたいですか。

答え（　　　　　）

4. 日本のお弁当屋さんはどうですか。

答え（　　　　　）

問題 III　あなたは大学の OB と話しています。会話を聞いて、適切な答えを選びなさい。

1. OB:♪

　あなた:ありがとうございます。でも仕事お忙しいのではないですか。

　OB:♪

    あなた：   答え（   ）
        a. すみません。では、お言葉に甘えてご一緒させてください。
        b. すみません。では、こちらでお待ちします。

2. あなた：先輩はどうして、今の会社に転職なさったんですか。
    OB：♪
    あなた：   答え（   ）
        a. なるほど。だから転職なさったんですね。
        b. なるほど。だから大きい会社をお選びになったんですね。

3. あなた：会社に行きたくないと思ったことはないですか。
    OB：♪
    あなた：では、やめたいなあと思ったことはありますか。
    OB：♪
    あなた：   答え（   ）
        a. そうですか。やはり行きたくない時は休んだほうがいいですね。
        b. そうですか。大変でもやりたい仕事ができているということですね。

4. あなた：先輩は海外勤務を長くされていましたが、どんなことが良かったですか。
    OB：♪
    あなた：   答え（   ）
        a. やはり、言葉と文化の違いがあると理解できないですね。
        b. やはり、外に出ないとできない経験ですね。

5. あなた：会社ではどんな時に飲み会をするんですか。
    OB：♪
    あなた：   答え（   ）
        a. なるほど、飲み会はない方がいいですね。
        b. なるほど、飲み会も必要な時間ですね。

問題 IV　録音を聞いて、あとの問いに答えなさい。

キーワード						
単身赴任	現象	家庭	選択	最大	対象	転校　入試
不利	暮らす	雇用	関わる	夫婦	あり方	簡単

1. 話の内容と合っているものに○をつけなさい。

①	②	③	④

2. 質問に答えなさい。
① 「単身赴任」は子どもの教育にどんな影響を及ぼしますか。
② なぜ教育水準の低いところへ転校したら、いじめの対象になりかねませんか。
③ 日本では、なぜ「単身赴任」を選ぶ家庭が多いのですか。

問題 V　録音を聞いて、文を完成しなさい。

　　かつての日本では、＿＿＿＿＿＿＿＿＿＿＿＿＿＿＿＿＿＿＿＿＿＿＿＿＿＿＿＿＿＿＿＿きました。そのため、＿＿＿＿＿＿＿＿＿＿＿＿＿＿＿＿＿＿＿＿＿＿＿＿＿＿＿＿＿＿＿＿＿ことが当たり前とされてきました。しかし、＿＿＿＿＿＿＿＿＿＿＿＿と共に、日本社会は＿＿＿＿＿＿＿＿＿＿＿＿＿＿＿＿＿に変化し、＿＿＿＿＿＿＿＿＿＿＿＿＿＿＿＿＿＿＿しています。以前のように、＿＿＿＿＿＿＿＿＿＿＿＿＿＿＿＿＿＿＿＿のではなく、すでに＿＿＿＿＿＿＿＿＿＿＿＿＿＿＿＿＿＿＿＿＿増えています。不景気を反映して、大企業も＿＿＿＿＿＿＿＿＿＿＿＿＿＿＿＿＿＿＿＿＿＿＿＿＿＿＿＿＿＿＿＿＿＿が大きく変わってきています。＿＿＿＿＿＿＿＿の調査によると、外国人から見た日本人の＿＿＿＿＿＿＿＿＿＿＿＿＿＿＿＿＿＿＿＿＿だそうです。一方で、日本企業の＿＿＿＿＿＿＿＿＿＿＿＿＿＿＿＿＿＿＿＿＿＿＿＿＿＿＿＿＿＿＿＿など、伝統的な企業文化が、世界の企業から＿＿＿＿＿＿＿＿＿＿＿＿＿＿＿＿＿＿＿＿＿ようです。

話しましょう

1. 日本の企業文化の特徴を挙げてください。
2. 中国の企業文化との違いについて話しましょう。

もういっぱい

1. 次の会話を聞いて、あとに続く言葉を①、②から選びなさい。
   ♪

   答え（　　　　）

2. 次のスキットを聞いて、何が一番怖いと言っているか、最も適当だと思うものを選びなさい。
   【言葉：島国　災害　堤防　地震　経験する　突然　津波】
   【～ることがあります：経験】

   答え（　　　　）

第30課　日本の家庭

ウォーミングアップ

☆　次の単語を聞いて共通のトピックを答えなさい。
答え（　　　　　　）

問題 1　絵を見て、正しい答えを一つ選びなさい。

質問　面接の順番はどれですか。

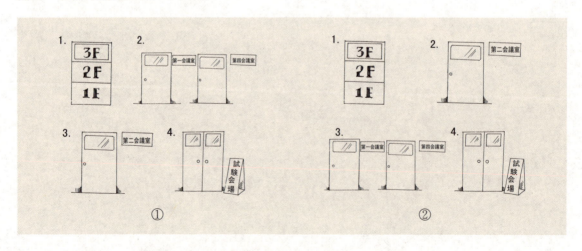

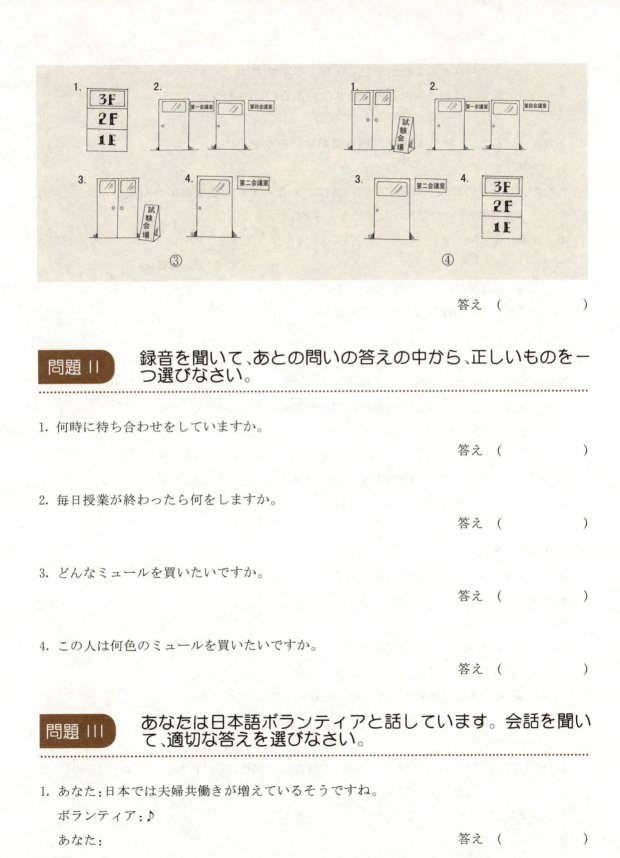

答え（　　　　　）

問題 II　録音を聞いて、あとの問いの答えの中から、正しいものを一つ選びなさい。

1. 何時に待ち合わせをしていますか。

答え（　　　　　）

2. 毎日授業が終わったら何をしますか。

答え（　　　　　）

3. どんなミュールを買いたいですか。

答え（　　　　　）

4. この人は何色のミュールを買いたいですか。

答え（　　　　　）

問題 III　あなたは日本語ボランティアと話しています。会話を聞いて、適切な答えを選びなさい。

1. あなた：日本では夫婦共働きが増えているそうですね。

　　ボランティア：♪

　　あなた：

答え（　　　　　）

　　　　a. だから日本は女性が子どもを育てるんですね。
　　　　b. 背景には不景気などの社会状況があるわけですね。

2. あなた：新聞によると、保育園の待機児童が多いそうですね。
　　ボランティア：♪
　　あなた：はい、この間大学の授業で聞いたばかりなんです。働くお母さん達が増えて、保育園に預けたいのに入れないそうですね。
　　ボランティア：♪
　　あなた：　　　　　　　　　　　　　　　　　　　答え（　　　　）
　　　　a. 保育園が増えればいいんですよね。
　　　　b. 希望者が減ればいいんですよね。

3. ボランティア：♪
　　あなた：はい、すべての夫婦が二人の子どもを産めるようにすることが決まったようです。このままだと、中国の高齢化は深刻な問題になりますから。
　　ボランティア：♪
　　あなた：　　　　　　　　　　　　　　　　　　　答え（　　　　）
　　　　a. そうですが、そう簡単にいくのかどうか、心配ですよね。
　　　　b. いえいえ、そういうわけではないんですよ。

4. ボランティア：♪
　　あなた：はい、ゴミの出し方やお風呂の入り方です。慣れるのに時間がかかりました。
　　ボランティア：♪
　　あなた：　　　　　　　　　　　　　　　　　　　答え（　　　　）
　　　　a. ぜひ一度、海外で暮らしてみてください。私の気持ちが分かってもらえるはずです。
　　　　b. 私も異文化体験は本当にいい経験だと感じています。

5. ボランティア：♪
　　あなた：やはり言葉が重要だと思います。外国語が十分に話せなければ、グローバル社会では役に立たないです。
　　ボランティア：♪
　　あなた：　　　　　　　　　　　　　　　　　　　答え（　　　　）

a. ええ、あらゆる情報を上手に使いこなすことが大切です。
b. ええ、言葉と文化、総合的なコミュニケーション能力が大切です。

問題 IV　録音を聞いて、あとの問いに答えなさい。

キーワード						
共働き	しつけ	話題	欧米	ベビーシッター	預ける	幼児
甘やかす	成長	違う	基本	育つ	影響	与える

1. 話の内容と合っているものに○をつけなさい。

①	②	③	④

2. 質問に答えなさい。
① 日本では、なぜ、子どものしつけや教育を母親に任せるのですか。
② なぜ日本では、子どもが成長するにつれて、しつけが厳しくなっていくのですか。
③ 中国と日本の家庭教育の違いについて話してみてください。

問題 V　録音を聞いて、文を完成しなさい。

　　＿＿＿＿＿＿＿の日本の家庭では、「＿＿＿＿＿＿＿＿＿＿＿＿＿＿＿＿＿＿＿」という考え方が一般的でした。ですから、結婚した女性は＿＿＿＿＿＿＿＿＿＿＿＿＿をしながら、＿＿＿＿＿＿＿＿＿＿＿＿＿参加してきました。しかし、＿＿＿＿＿＿＿＿＿＿＿＿＿＿＿＿＿＿＿＿＿＿が増加しました。そして、＿＿＿＿＿＿＿＿＿＿＿＿＿＿＿＿＿＿＿＿が進みました。今では、家庭のお母さんの多くは＿＿＿＿＿＿＿＿＿として働いています。日本では＿＿＿＿＿＿＿＿＿＿＿＿＿、退職した高齢者は＿＿＿＿＿＿＿＿＿＿＿＿＿＿＿＿＿＿に参加して自由な時間を楽しむ人が多く見られます。また、＿＿＿＿＿＿＿＿＿＿＿＿＿＿＿＿＿＿＿＿＿＿＿＿＿＿＿＿＿＿＿＿＿＿＿＿増えています。一方で、＿＿＿＿＿＿＿＿＿＿＿＿＿も進んでおり、＿＿＿＿＿＿＿＿＿＿＿＿＿＿＿＿＿＿＿＿＿＿を見るような場合に、「＿＿＿＿＿＿＿」という言葉も使われるようになりました。

話しましょう

1. 日本の家庭はどのように変化していますか。
2. 中国の家庭との違いについて話しましょう。

もういっぱい

1. 次の会話を聞いて、あとに続く言葉を①、②から選びなさい。
   ♪

   答え（　　　　　）

2. 次のスキットを聞いて、両親が一番心配していることは何か、最も適当だと思うものを選びなさい。

   【言葉:成績　　入試　　健康第一】
   【〜だろう:推量】

   答え（　　　　　）

コラム

着　物

　　日本では江戸時代以降の伝統的な衣装を着物と呼んでいます。ただ、外国で有名なのは華やかな色彩とデザインで幅の広い帯を締めて着る女性の着物です。そういう着物はシルク製で高価であるし、活発な行動には向かないため、日常生活ではほとんど着られることがありません。しかし、結婚式、葬式、大学の卒業式、そして、成人式などの晴れの場では、着物を着る人がたくさんいます。特に夏に着る木綿の薄い着物を浴衣と言い、旅館やホテルでは、寝巻きとして用意しているところがたくさんあります。

ロールプレー

1. 日本の着物の働きについて話してください。
2. 冠婚葬祭における中国と日本の服装の違いについて話してください。

単語リスト

第1課　自己紹介

こくばん	黒板	黑板	1
つり	釣り	钓鱼	1
ふとる	太る	肥胖	1
びん	便	航班	1
とおり	通り	道路	1
おわる	終わる	结束	1
じしん	地震	地震	1
こわい	怖い	可怕的,恐怖	1
びっくり		吃惊	1
ルームメート		室友	1
テスト		考试	1
しんにゅうせい	新入生	新生	1
フィリップ		菲利普(人名)	1
ひっこす	引っ越す	搬家	1
バイト		打工	1
てつだう	手伝う	帮忙	1
バッグ		手提包	1
～まま		照旧;任凭	1
メンバー		成员	1
キャリアデザイン		职业规划	1
しゅっしん	出身	出身	1
こうがくぶ	工学部	工学部	1
せんもん	専門	专业	1

せんこう	専攻	专攻，专修	1
とうようし	東洋史	东洋史	1
バスケ		篮球	1
いぶんか	異文化	异文化	1
コミュニケーション	コミュニケーション	交流	1
きかいこうぎょう	機械工業	机械工业	1
しずおか	静岡	静冈	1
そのうち	その内	近日内	1
しょくじかい	食事会	餐会	1
さい	歳	岁	1
せいかく	性格	性格	1
せっきょくてき	積極的	积极的	1
はずかしがりや	恥ずかしがり屋	腼腆的人	1
おおらか		大方	1
りん	輪	轮；环	1
じょうほう	情報	信息；情报	1
こうかん	交換	交换	1
おんせん	温泉	温泉	1
おおそうじ	大掃除	大扫除	1
おみまい	お見舞い	看望病人	1
あける	空ける	空出	1
よる	寄る	顺便到（去）	1
ダイエット		减肥	1

第2課　連休

かき	柿	柿子	2
パイナップル		菠萝	2
なし	梨	梨	2
もも	桃	桃	2
キュウリ		黄瓜	2
オレンジ		橘子，橙色	2
ぶんぼうぐ	文房具	文具店	2
おおさか	大阪	大阪	2

しゅうまつ	週末	周末	2
せんしゅうまつ	先週末	上周末	2
ぼしゅう	募集	募集	2
こうこく	広告	广告	2
りかいする	理解する	理解	2
すごい	凄い	厉害	2
きょうどう	共同	共同	2
だいどころ	台所	厨房	2
ボランティア		自愿者	2
つちやカバン	土屋カバン	土屋提包	2
こうさてん	交差点	十字路口	2
ちゃいろ	茶色	茶色	2
もとめる	求める	寻求	2
A4サイズ		A4尺寸	2
しょるい	書類	文件	2
しょうひぜい	消費税	消费税	2
さいふ	財布	钱包	2
あずかる	預かる	寄放	2
つつむ	包む	包裹	2
ブルー		蓝色	2
リボン		装饰带	2
かしこまりました		知道了	2
おおがた	大型	大型	2
ディズニーランド		迪斯尼乐园	2
なかがいい	仲がいい	关系好	2
こんざつする	混雑する	混杂	2
シルバーウィーク		白银周（11月的第一周）	2
けいかくをたてる	計画を立てる	制定计划	2
ぼうねんかい	忘年会	年终联欢会	2
かこむ	囲む	围绕	2
なべ	鍋	锅	2

第 3 課　病院

シャンプー		洗发剂	3
パーマ		烫发	3
カラー		染发	3
きつけ	着付け	（给…）穿衣	3
セット		做头发,梳整发形	3
ちゅうしゃ	駐車	停车	3
コンサート		音乐会	3
エレベーター		电梯	3
うごく	動く	动	3
おりる	降りる	下,下降	3
しゅうり	修理	修理	3
こしょう	故障	故障	3
たいてい	大抵	大抵;一般	3
がいしゅつする	外出する	外出	3
いや	嫌	讨厌	3
たまに		偶尔	3
なかなか		相当;非常	3
つくりかた	作り方	作法	3
きがえ	着替え	换衣服	3
おく	置く	放;设置	3
ぼこう	母校	母校	3
かよう	通う	来往	3
うんどうじょう	運動場	操场	3
せいびする	整備する	配备	3
なつかしい	懐かしい	怀念的	3
おもいで	思い出	回忆	3
さむけ	寒気	发冷	3
はなみず	鼻水	清鼻涕	3
しょうじょう	症状	症状	3
さくや	昨夜	昨晚	3
げねつざい	解熱剤	退烧药	3
いる	要る	需要	3

ちょうし	調子	状态	3
こまる	困る	苦恼；为难	3
い	胃	胃	3
はきけ	吐き気	恶心	3
しんさつ	診察	诊察	3
うけつけ	受け付け	接受，受理	3
しょしんひょう	初診票	初诊证	3
こじんじょうほう	個人情報	个人信息	3
きにゅうする	記入する	记上	3
ほけんしょう	保険証	保险证	3
てつづき	手続き	手续	3
くわえる	加える	加入	3
てきとう	適当	适当	3
ストレス		精神压力	3
リラックス		放松	3
バランス		平衡	3
きをつける	気をつける	注意	3
あたりまえ	当たり前	理所当然的	3
レポート		报告	3
にゅうりょく	入力	输入	3
うちまちがえる	打ち間違える	打错字	3
ゆび	指	手指	3

第4課　日本の気候

アクション		动作片	4
コメディ		喜剧	4
SF		科学幻想影片	4
サスペンス		悬念	4
はいゆう	俳優	演员	4
かしだし	貸し出し	出租；出借	
けんこう	健康	健康	4
うんどう	運動	运动	4
くだもの	果物	水果	4

しおからい	塩辛い	咸的	4
チューター		助教	4
しゅうしょく	就職	就职	4
かんけい	関係	关系	4
そうさ	操作	操作	4
きおん	気温	气温	4
よてい	予定	预定	4
ていしゅつ	提出	提交	4
あさばん	朝晩	早晚	4
かぜをひく	風邪を引く	感冒	4
まもる	守る	遵守；守护	4
れんらくする	連絡する	联系	4
ちかづく	近付く	临近	4
ぜんぜん	全然	完全	4
だんとう	暖冬	暖冬	4
かごしまけん	鹿児島県	鹿儿岛县	4
こうちけん	高知県	高知县	4
きじ	記事	报道	4
のる	載る	刊登	4
まふゆ	真冬	严冬	4
オーバー		超过	4
マフラー		围巾	4
アジア		亚洲	4
たいりく	大陸	大陆	4
はし	端	端,边	4
ほんしゅう	本州	本州	4
しこく	四国	四国	4
きゅうしゅう	九州	九州	4
にほんれっとう	日本列島	日本列岛	4
しき	四季	四季	4
つゆ	梅雨	梅雨	4
たいふう	台風	台风	4
ほとんど		几乎	4

しょうひん	商品	商品	4
みつかる	見つかる	发现	4
おしゃれ		时髦的	4
ファッション		时尚	4
さんぱつ	散髪	理发	4
れんきゅう	連休	连休	4

第5課　旅行

おどり	踊り	舞蹈	5
さとがえり	里帰り	回故乡	5
こうつうじゅうたい	交通渋滞	交通堵塞	5
はなび	花火	焰火	5
おちゅうげん	お中元	中元节	5
ちゅうじゅん	中旬	中旬	5
くうこう	空港	机场	5
こうそくどうろ	高速道路	高速公路	5
りょうきん	料金	费用	5
かかる		花费	5
タクシーだい	タクシー代	出租车费	5
しごと	仕事	工作	5
しゅうりょう	終了	结束	5
ごよう	ご用	要事	5
ペットボトル		塑料瓶	5
ちょうりしつ	調理室	厨房	5
でんきポット	電気ポット	电水壶	5
もちだす	持ち出す	拿出；带走	5
バイク		摩托车	5
とめる	止める	停住	5
ゆうりょう	有料	收费	5
もえる	燃える	燃烧	5
かみ	紙	纸	5
なまごみ	生ごみ	生活垃圾	5
なら	奈良	奈良	5

しんかんせん	新幹線	高铁	5
こうそくバス	高速バス	高速公交车	5
まんかい	満開	盛开	5
ライトアップ		华灯初上	5
しんぴてき	神秘的	神秘的	5
かんどうする	感動する	感动	5
さんさく	散策	散步	5
じゅうじつ	充実	充实	5
がいこくじん	外国人	外国人	5
かんこうきゃく	観光客	观光客	5
にんき	人気	受欢迎	5
でんとうてき	伝統的	传统的	5
じんじゃ	神社	神社	5
きんかくじ	金閣寺	金阁寺	5
ぎんかくじ	銀閣寺	银阁寺	5
きよみずでら	清水寺	清水寺	5
へいあんじんぐう	平安神宮	平安神宫	5
ふしみいなりじんじゃ	伏見稲荷神社	伏见稻荷神社（位于京都）	5
スポット		地点；场所	5
ぎおんまつり	祇園祭	祇园祭	5
きゅうよう	急用	急事	5
いいわけ	言い訳	辩解	5
だいきらい	大嫌い	最讨厌的	5
がまん	我慢	忍耐	5
おこる	怒る	生气	5
あおいまつり	葵祭	葵祭	5
おぼん	お盆	盂兰盆节	5
ごさん	五山	五山	5
ひがしやま	東山	东山	5
にょいがたけ	如意ヶ嶽	如意之岳	5
じだいまつり	時代祭	时代祭	5
おくりび	送り火	送别祖先的篝火	5
だいもんじ	大文字	大字篝火	5

第6課　贈り物

ふじんふく	婦人服	女装	6
しんしふく	紳士服	男装	6
しょくりょうひん	食料品	食品	6
けしょうひん	化粧品	化妆品	6
おもちゃ		玩具	6
シューズ		鞋,皮鞋	6
まるい	丸い	圆形的	6
しかくい	四角い	四方形的	6
ふるほんや	古本屋	旧书店	6
ソファー		沙发	6
ショップ		商店	6
ミルク		牛奶	6
さとう	砂糖	砂糖	6
もうしわけない	申し訳ない	实在抱歉的	6
こうちゃ	紅茶	红茶	6
かまくら	鎌倉	镰仓	6
じっか	実家	父母家	6
だいぶつ	大仏	大佛	6
はなみ	花見	赏花	6
むかえる	迎える	欢迎	6
はじめて	初めて	初次	6
きかい	機会	机会	6
すてる	捨てる	扔掉	6
ねつ	熱	热	6
ケース		事例;容器	6
おたがい	お互い	相互	6
シャワー		淋浴	6
おゆ	お湯	热水	6
とうげいか	陶芸家	陶艺家	6
たのむ	頼む	请求,委托	6
きにいる	気に入る	称心	6
こうか	高価	高价	6

めんきょ	免許	执照	6
かいがい	海外	海外	6
ビジネス		商务	6
しかく	資格	资格	6
しゅとくする	取得する	取得	6
ていきてき	定期的	定期的	6
おしょうがつ	お正月	新年	6
しゅうかん	習慣	习惯	6
おせいぼ	お歳暮	年末互送礼品	6
おせわになる	お世話になる	承蒙关照	6
いっぱんてき	一般的	一般的	6
ゆそうきかん	輸送機関	运输部门	6
はったつする	発達する	发达	6
アイスクリーム		冰淇淋	6
さかな	魚	鱼	6
フルーツ		水果	6
せいせんしょくひん	生鮮食品	新鲜食品	6
しんせき	親戚	亲戚	6
しゅっさんいわい	出産祝い	祝贺生育	6
おくりもの	贈り物	礼物	6
おくる	贈る	赠送	6
おもいきって	思い切って	果断地	6
バドミントン		羽毛球	6

第7課　電話

カラオケ		卡拉OK	7
ばしょとり	場所取り	占位置	7
さげる	下げる	挂,佩带	7
ひっこしや	引越し屋	搬家公司	7
いちど	一度	一次	7
ふね	船	船	7
しゅっぱつ	出発	出发	7
かならず	必ず	必定	7

はたち	二十歳	二十岁	7
ひとたち	人達	人们	7
ふりそで	振袖	长袖和服	7
スーツ		套装	7
はかま	袴	和服裙裤	7
へる	減る	减少	7
ぞうに	雑煮	杂煮（新年祝福的膳食）	7
おもち	お餅	年糕	7
あじつけ	味付け	调味；调味的食品	7
ねんまつ	年末	年末	7
ぎょうざ	餃子	饺子	7
ふくしゅうする	復習する	复习	7
きめる	決める	决定	7
もしもし		喂,喂	7
こんど	今度	这回；下次	7
れんしゅう	練習	练习	7
とくに	特に	特别	7
えきまえ	駅前	车站附近	7
ごぜんちゅう	午前中	上午之内	7
こてい	固定	固定	7
ふきゅうする	普及する	普及	7
きっぷ	切符	票	7
よやく	予約	预约	7
ライン		LINE（网络社交软件）	7
チャット		聊天	7
ほうほう	方法	方法	7
へんか	変化	变化	7
ふべん	不便	不便利	7
こわれる	壊れる	弄坏	7
かんり	管理	管理	7
めったに	滅多に	几乎（不）	7
そのまま		照原样	7
しっぽ	尾巴	尾巴	7

第8課　留学生活

いし	石	石头	8
しばふ	芝生	草坪	8
いけ	池	池子	8
き	木	树	8
いしどうろう	石灯籠	石灯笼	8
たき	滝	瀑布	8
めがね	眼鏡	眼镜	8
かける		带（眼镜）	8
おたく	お宅	府上	8
あぶない	危ない	危险	8
ちゅうしゃじょう	駐車場	停车场	8
はこ	箱	箱子	8
まちがえる	間違える	弄错；搞错	8
マニュアル		手册；指南	8
すう	吸う	吸	8
きんえん	禁煙	禁烟	8
うらぐち	裏口	后门	8
きつえんしょ	喫煙所	吸烟室	8
ぬれる	濡れる	沾湿；湿透	8
もんげん	門限	关门时间	8
げんしゅする	厳守する	严守	8
ミニキッチン		小型厨房	8
じゆう	自由	自由	8
あとかたづけ	後片付け	收拾干净，善后	8
かんそう	乾燥	干燥	8
ついかする	追加する	追加	8
コインランドリー		投币式自动洗衣机	8
えんちょうする	延長する	延长	8
れいぞうこ	冷蔵庫	冰箱	8
クーラー		空调	8
ゆういぎ	有意義	有意义	8
すすめる	勧める	劝说；鼓励	8

アパート		公寓	8
どりょく	努力	努力	8
こくさいこうりゅう	国際交流	国际交流	8
だんたい	団体	团体	8
グループ		小组	8
あわせる	合わせる	并;配合	8
つきあう	付き合う	交往	8
はいけい	背景	背景	8
ことば	言葉	语言	8
たいど	態度	态度	8
こうどう	行動	行动	8
ちゅういする	注意する	注意	8
アルバイト		打工	8
おう	追う	追赶	8
ぜひ		务必	8
さまざま	様々	各种各样	8
かいはつ	開発	开发	8
がいとう	街頭	街头	8
じゃま	邪魔	妨碍	8
わく	沸く	烧开;沸腾	8
なる	鳴る	响,鸣	8

第9課　日本料理

ドーナツ		炸面圈	9
フライドチキン		烤鸡	9
フライドポテト		薯条	9
ハンバーガー		汉堡包	9
マクドナルド		麦当劳	9
ケンタッキー		肯德基	9
こいぬ	子犬	小狗	9
うまれる	生まれる	出生	9
さしあげる	差し上げる	呈送	9
かわいい	可愛い	可爱	9

くろい	黒い	黑色的	9
まつ	待つ	等待	9
しけん	試験	考试	9
のこる	残る	剩下	9
かもく	科目	科目	9
あんきする	暗記する	背下来;记熟	9
あきらめる	諦める	放弃	9
わすれる	忘れる	忘记	9
がんばる	頑張る	努力;拼命干	9
なまもの	生物	生鲜食品	9
いみ	意味	意思	9
おんよみ	音読み	音读	9
くんよみ	訓読み	训读	9
たすかる	助かる	帮助	9
とうけいがく	統計学	统计学	9
けっこんする	結婚する	结婚	9
ききとれる	聞き取れる	能听清楚;听懂	9
ふるさと	故郷	故乡	9
だいじ	大事	大事;要紧事	9
すく	空く	空;空腹	9
はこね	箱根	箱根	9
のりかえる	乗り換える	换乘	9
とっきゅう	特急	特急	9
いっぱい	一杯	一杯;满满地	9
おすし	お寿司	寿司	9
ファーストフード		快餐食品	9
てんぷら	天ぷら	天妇罗	9
なじみ		熟悉	9
しょくざい	食材	食材	9
ふうど	風土	风土;水土	9
わしょく	和食	日本料理	9
よびかた	呼び方	叫法;称呼	9
ようしょく	洋食	西餐	9

たいおうする	対応する	对应；相应	9
こうきゅう	高級	高级	9
イメージ		印象	9
かいせき	懐石	怀石料理	9
うなぎ	鰻	鳗鱼	9
やきとり	焼き鳥	烤鸡串	9
どんぶりもの	丼物	大碗盖浇饭	9
ちょうみりょう	調味料	调味料	9
うまみ	うま味	好味道；美味	9
ふくむ	含む	含有	9
しお	塩	盐	9
しょうゆ	醤油	酱油	9
みそ	味噌	豆酱	9
す	酢	醋	9
あまみ	甘味	甜度	9
みりん		料酒；米酒	9
ユネスコ		联合国教科文机构	9
むけいぶんかざい	無形文化財	无形文化遗产	9
とうろくする	登録する	登记；注册	9
クリスマス		圣诞节	9
さそう	誘う	邀请	9
スポーツセンター		健身中心	9
うんどうぶそく	運動不足	运动不足	9
ぜんしんうんどう	全身運動	全身运动	9

第10課　勉強

たいいくかん	体育館	体育馆	10
けいじばん	掲示板	布告牌	10
テニスコート		网球场	10
あつい	厚い	厚的	10
シングル		单人的	10
ツイン		双人的	10
まどぐち	窓口	窗口	10

こうねつ	高熱	高烧	10
ねぶそく	寝不足	睡眠不足	10
げんいん	原因	原因	10
きつい		费力的,强力的	10
なんだか		不知为何	10
めがさめる	目が覚める	醒	10
うるさい		唠叨;烦人的	10
スープ		汤	10
へん	変	奇怪	10
した	舌	舌头	10
しびれる	痺れる	麻木	10
たおれる	倒れる	倒下	10
にゅういん	入院	住院	10
たいした		了不起	10
なまかし	生菓子	带馅的糕点	10
はやめに	早めに	快些	10
ちょくせつ	直接	直接	10
わたす	渡す	交给	10
はっぴょう	発表	发表	10
プレゼン		提出;广告计划	10
しめきり	締め切り	截止	10
そろそろ		渐渐地;不久	10
つたえる	伝える	告诉	10
わご	和語	日本固有语言	10
かんご	漢語	汉语;汉语词	10
こんしゅご	混種語	混合词	10
ぶんるいする	分類する	分类	10
しんかする	進化する	进化	10
くみ合わせる	組み合わせる	组合	10
ズボン		裤子	10
テンポ		速度	10
あんパン		带馅面包	10
きんねん	近年	近年	10

ラーメン		面条	10
プロやきゅう	プロ野球	职业棒球	10
かぶき	歌舞伎	歌舞伎	10
ぎんざ	銀座	银座	10
にぎわう	賑わう	热闹起来；拥挤	10
とくちょう	特徴	特征	12
きょうげき	京劇	京剧	10
やくしゃ	役者	演员	10
おやま	女形	男旦	10
はなやか	華やか	鲜艳，华丽	10
きもの	着物	和服	10
しゃみせん	三味線	三味线，日本的拨弦乐器	10
ながうた	長唄	长呗；长歌	10
えんそう	演奏	演奏	10
おどる	踊る	舞蹈	10
えんそう	演奏	演奏	10
しゅつえんする	出演する	演出	10
さいきん	最近	最近	10

第11課　買い物

サービスカウンター		服务台	11
エスカレーター		自动扶梯	11
さいじじょう	催事場	特卖会，展示会会场	11
デパちか	デパ地下	百货公司地下层	11
こうさてん	交差点	十字路口	11
まがる	曲がる	拐弯	11
みぎがわ	右側	右側	11
はやくち	早口	语速快	11
よぼうする	予防する	预防	11
うがい	嗽	嗽口	11
マスク		口罩；面具	11
カレーライス		咖喱饭	11
かえって		反而	11

しゅうちゅうする	集中する	集中	11
そふ	祖父	祖父；外祖父	11
おちつく	落ち着く	稳定；安顿	11
たしかに	確かに	确实；可靠	11
タイプ		类型	11
しゅやく	主役	主角	11
えんぎ	演技	演技	11
さいこう	最高	最高	11
かしゅ	歌手	歌手	11
ハンドル		把手；方向盘	11
のせる	乗せる	乘坐；搭载	11
Tシャツ		T恤衫	11
バーゲン		甩卖	11
しぶやえき	渋谷駅	渋谷站	11
ショッピングモール		商业街	11
スニーカー		轻便运动鞋	11
おしゃれ		好打扮（的人）	11
ヒール		脚跟，鞋后跟	11
ブランド		品牌	11
みなみぐち	南口	南口街	11
ネイビー		海军，海军官兵	11
ぴったり		正好	11
ねふだ	値札	价格标签	11
ブーツ		鞋	11
はんがく	半額	半价	11
ぜっこう	絶好	绝好，极好	11
チャンス		机会	11
キャンプ		露营	11
むし	虫	虫	11

第12課　手紙

| つうしんぼ | 通信簿 | 成绩册 | 12 |
| かていほうもん | 家庭訪問 | 家访 | 12 |

きゅうしょく	給食	供给饮食	12
クラブかつどう	クラブ活動	课外集体活动	12
まるがお	丸顔	圆脸	12
かた	肩	肩	12
ぱっちり		大而水灵的	12
せっする	接する	接待,接触	12
やせる	痩せる	瘦弱	12
ねむる	眠る	睡觉	12
テーマ		题目	12
なやむ	悩む	烦恼	12
きまる	決まる	决定	12
じつは	実は	实际上	12
おおあめ	大雨	大雨	12
ころぶ	転ぶ	跌倒	12
めいわく	迷惑	麻烦	12
あるきかた	歩き方	步伐	12
おつかれさま	お疲れ様	辛苦了	12
ひさしぶり	久しぶり	久违	12
おねがい	お願い	期望;要求	12
こうかんりゅうがく	交換留学	交换留学	12
ひょうろん	評論	评论	12
ゼミ		讨论会	12
つごう	都合	方便	12
けっこう	結構	很好,可喜的	12
ホームステイ		寄宿	12
メッセージ		口信	12
はがき	葉書	明信片	12
ふうとう	封筒	信封	12
おもて	表	表面	12
ゆうびんばんごう	郵便番号	邮政编码	12
うら	裏	背面	12
しめい	氏名	姓名	12
びんせん	便箋	便笺,信纸	12

コスモス		大波斯菊	12
はながら	花柄	花样	12
きんきょう	近況	近况	12

第13課　引っ越し

すいはんき	炊飯器	电饭锅	13
アイロン		熨斗	13
そうじき	掃除機	吸尘器	13
でんしレンジ	電子レンジ	微波炉	13
えきしょうテレビ	液晶テレビ	液晶电视	13
ペンダント		垂饰	13
さんかくけい	三角形	三角形	13
まんなか	真ん中	正中间	13
ほし	星	星星	13
ち	血	血	13
かんきょう	環境	环境	13
おせん	汚染	污染	13
にる	似る	相似	13
かぎる	限る	限于	13
そつぎょうしき	卒業式	毕业典礼	13
かんがえる	考える	思考	13
スピーチ		演讲	13
たいかい	大会	大会	13
ゆうしょうする	優勝する	优胜	13
せいか	成果	成果	13
しゃかい	社会	社会	13
じょうほうか	情報化	情报化	13
ともなう	伴う	随着;伴随	13
りゅうしゅつする	流出する	流出;流失	13
マラソン		马拉松	13
せっかく		好不容易	13
はしる	走る	跑;行驶	13
さいご	最後	最后	13

さんかする	参加する	参加	13
へんこう	変更	变更	13
ようし	用紙	规定用纸	13
いんかん	印鑑	图章	13
ばんごうふだ	番号札	入场券	13
こむ	混む	拥挤	13
きかい	機械	机器	13
ふりこむ	振り込む	缴款	13
じゅんばん	順番	顺序	13
よぶ	呼ぶ	喊,叫;请	13
まかせる	任せる	委托	13
しんきょ	新居	新居	13
そうちゃくする	装着する	安装	13
たいさく	対策	对策	13
サービス		服务	13
アイテム		事项,项目	13
よさん	予算	预算	13
ぎょうしゃ	業者	工商业者	13
みつもる	見積る	估计,折合	13
だんボール	段ボール	瓦楞纸	13
かぐ	家具	家具	13
びじゅつひん	美術品	美术品	13
こっとうひん	骨董品	古玩	13
たんとうする	担当する	担当,主管	13
スタッフ		工作人员	13
プロフェッショナル		专业的	13
おきゃくさま	お客様	顾客	13
かんがえかた	考え方	想法	13
はんえいする	反映する	反映	13
ペン		钢笔	13
しんちく	新築	新建房屋	13

第14課　面接

しゅうせいえき	修正液	修正液	14
ファイル		文件夹	14
クリップ		夹子	14
ホッチキス		订书机	14
じょうぎ	定規	规尺	14
ごしゅじん	ご主人	您丈夫	14
こがら	小柄	小个；小花纹	14
さめる	冷める	变冷	14
いれなおす	入れなおす	重新倒（茶）	14
やめる		放弃	14
たてじま	縦縞	竖条纹	14
くみん	区民	区民	14
おけいこ	お稽古	学艺	14
しょうこうしゅ	紹興酒	绍兴酒	14
あく	空く	空，空闲	14
うらやましい	羨ましい	羡慕	14
のりこえる	乗り越える	超越；克服	14
ふくそう	服装	服装	14
こんいろ	紺色	藏青色	14
じどうせいと	児童生徒	学生；儿童	14
グレー		灰色	14
もちもの	持ち物	携带物品	14
チェック		核对	14
じみ	地味	朴素	14
おちつく	落ち着く	平静下来；定居	14
しらべる	調べる	调查	14
しっぱいする	失敗する	失败	14
ちゃんと		端正；的确	14
アドバイス		忠告	14
きぎょう	企業	企业	14
しょるい	書類	文件	14
ひっき	筆記	笔记	14

はんだん	判断	判断	14
じんぶつぞう	人物像	人物像	14
のうりょく	能力	能力	14
じっさい	実際	实际	14
めんせつかん	面接官	考官	14
どうさ	動作	动作	14
あけしめ	開け閉め	开闭门	14
しせい	姿勢	姿势	14
すわりかた	座り方	坐姿	14
じぜん	事前	事前	14
かんしん	関心	关心	14
いしきする	意識する	意识	14
えんかくち	遠隔地	远隔地	14
インターネットかいせん	インターネット回線	网络线路	14
どうが	動画	动画	14
はいしんする	配信する	发稿,发布信息	14
そくたつ	速達	投递	14
バレンタインデー		情人节	14
チョコレート		巧克力	14
なかみ	中身	装在其中的东西	14

第15課　富士山

マンション		公寓	15
やちん	家賃	房租	15
おおや	大家	房东	15
しききん	敷金	押金	15
いっこだて	一戸建て	独幢楼房	15
ふどうさん	不動産	不动产	15
おくれる	遅れる	迟到	15
けいひ	経費	经费	15
かんせい	完成	完成	15
じょうし	上司	上司	15
かくだい	拡大	扩大	15

しゅくしょう	縮小	缩小，缩减	15
きかい	機械	机器	15
ちぢむ	縮む	缩小；缩短	15
せいいっぱい	精一杯	尽全力	15
かいか	開花	开花	15
ひえる	冷える	冷；觉得冷	15
よういする	用意する	准备	15
リュック		帆布背包	15
おべんとう	お弁当	盒饭	15
シンボル		象征	15
せいしんてきささえ	精神的支え	精神支柱	15
ラッキー		幸运	15
ダイヤモンドリング		砖石光环	15
ちょうじょう	頂上	山顶	15
ゆうひ	夕陽	夕阳	15
しずむ	沈む	下沉；降落	15
やまなしけん	山梨県	山梨县	15
ゆうび	優美	优美	15
とざんきゃく	登山客	登山客	15
シーズン		季节；旺季	15
ひょうてんか	氷点下	零下	15
トレッキングシューズ		登山靴	15
ぼうかんぎ	防寒着	防寒服	15
あまぐ	雨具	雨具	15
てがるに	手軽に	轻易，简单	15
もちかえる	持ち帰る	带回	15
もりつけ	盛り付け	装盘	15
おぜん	お膳	膳食	15
しょっき	食器	餐具	15
はいち	配置	配置	15
くふう	工夫	设法	15
あげたて	揚げたて	刚炸的	15
たもつ	保つ	保存	15

かたよる	片寄る	偏向一方	15
いろあい	色合い	色调	15
ちょうわする	調和する	协调	15

第16課　お祭り

しゅっきん	出勤	上班	16
サラリーマン		工薪人员	16
しゃちょう	社長	社长	16
ざんぎょう	残業	加班	16
かのう	可能	可能	16
もんだい	問題	问题	16
ぶんべつ	分別	区别	16
きむずかしい	気難しい	不和悦	16
ふかのう	不可能	不可能	16
こたえる	答える	回答	16
かくにん	確認	确认	16
じゅんび	準備	准备	16
ごうかく	合格	合格	16
きんちょう	緊張	紧张	16
トランク		旅行箱，皮箱	16
ブロック		堆；街区	16
だめ	駄目	不行；白费	16
ゲームソフト		游戏软件	16
ネット		网	16
ちゅうもんする	注文する	订购	16
うっかり		不小心	16
ビザ		签证	16
きれる	切れる	中断；切断	16
えきびょうたいさん	疫病退散	瘟疫散去	16
ねがう	願う	祈祷	16
ぎょうじ	行事	仪式	16
かざる	飾る	装饰	16
ぶじ	無事	平安	16

いしょう	衣装	衣裳	16
だし	山車	彩车	16
ぎょうれつ	行列	行列,排列	16
しんこうする	進行する	行进	16
ありがたい		难得的;值得感谢的	16
じつに	実に	事实上	16
もてなし	持て成し	招待	16
めぐみ	恵み	恩惠	16
たましい	魂	灵魂	16
やさかじんじゃ	八坂神社	八坂神社	16
てんじんまつり	天神祭り	天神祭	16
スケール		规模	16
はくりょく	迫力	扣人心弦	16
みりょうする	魅了する	使人入迷	16
けいだい	境内	寺院内	16
やだい	屋台	售货摊	16
ならぶ	並ぶ	排列	16
えんにち	縁日	庙会日	16

第17課　配達

コップ		杯子	17
きぼう	希望	希望	17
きかん	期間	期间	17
ジム		体育馆	17
すっきり		爽快;流畅	17
とどく	届く	送达	17
とりあつかいせつめいしょ	取り扱い説明書	办理说明书	17
トリセツ		操作说明书	17
もうしわけない	申し訳ない	实在抱歉的	17
ミス		失败,错误	17
ゆうそう	郵送	运输	17
ホームページ		主页	17
ダンロード		下载	17

まんがいち	万が一	万一	17
システム		组织	17
こづつみ	小包	小包	17
ちょうかん	朝刊	早报	17
ゆうかん	夕刊	晚报	17
とどける	届ける	递送	17
でまえ	出前	外卖	17
たくはいびん	宅配便	货物运到家	17
コンビニ		便利店	17
じたく	自宅	自己的住宅	17
にもつ	荷物	行李	17
ゴルフどうぐ	ゴルフ道具	高尔夫球具	17
とどけさき	届け先	收件人	17
るす	留守	外出；看家	17
ふざいひょう	不在票	留条	17
ポスト		邮筒	17
にちじ	日時	时日	17
してい	指定	指定	17

第18課　ブログ

しゅじゅつ	手術	手术	18
たいいん	退院	出院	18
ちゅうしゃ	注射	打针	18
レントゲン		X射线	18
げか	外科	外科	18
りれきしょ	履歴書	简历	18
かんじ	感じ	感觉	18
しばる	縛る	扎；捆绑	18
みえる	見える	看见	18
トマト		西红柿	18
スパゲッティ		意大利实心面	18
ソース		调味汁	18
ベストセラー		畅销书	18

レンタルショップ		出租店	18
むっと		闷热	18
やすうりセール	安売りセール	贱卖,甩卖	18
いさん	遺産	遗产	18
そばや	そば屋	荞麦面馆	18
どんぶりや	丼屋	盖浇饭馆	18
アイディア		主意	18
へいかん	閉館	闭馆	18
おおさかべん	大阪弁	大阪方言	18
ブログ		博客	18
たつ	経つ	流逝	18
せんもんようご	専門用語	专业用语	18
メモ		笔记	18
サイト		场所	18
めいしょ	名所	景点	18
バンド		外滩	18
やくだつ	役立つ	有用	18
やけい	夜景	夜景	18
でかける	出かける	出门	18
そうしょう	総称	总称	18
しんぺん	身辺	身边	18
できごと	出来事	事情	18
トピック		话题	18
たしゅたよう	多種多様	多种多样	18
あつめる	集める	集中	18
りゆう	理由	理由	18
わだい	話題	话题	18
かきこむ	書き込む	填写	18
アイドル		偶像	18
アクセス		接近;门路	18
ポップカルチャー		大众文化	18
マスメディア		媒体	18
きがるに	気軽に	爽快地	18

いけん	意見	意见	18
ちしき	知識	知识	18

第19課　運動会

みずぎ	水着	泳衣	19
ほたる	蛍	萤火虫	19
たなばた	七夕	七夕	19
なさる		做（敬语）	19
そろえる	揃える	备齐	19
このまま		按现在这样	19
パリ		巴黎	19
こうくうびん	航空便	航空邮件	19
ふなびん	船便	船运	19
エンジン		发动机	19
クレジットカード		信用卡	19
れんらくさき	連絡先	联系方式	19
けいさつ	警察	警察	19
とうなん	盗難	失窃	19
ビニールぶくろ	ビニール袋	塑料薄膜袋	19
ふつう	普通	一般	19
どうせ		反正	19
エネルギー		能量	19
いじょう	異常	异常	19
きしょう	気象	气象	19
ちきゅう	地球	地球	19
おんだんか	温暖化	气候变暖	19
くずれる	崩れる	崩溃	19
たいじゅう	体重	体重	19
ダイエット		减肥	19
しょくよく	食欲	食欲	19
ようちえん	幼稚園	幼儿园	19
おうえんする	応援する	声援	19
きょうぎ	競技	竞技	19

てづくり	手作り	新手做	19
たいりょくていか	体力低下	体力下降	19
やめる		停止；放弃	19
むりに	無理に	硬干	19
ぜんこくみん	全国民	全体国民	19
きょうつう	共通	共同	19
ぎょうじ	行事	仪式	19
つづく	続く	连续	19
たまいれ	玉入れ	投球赛	19
つなひき	綱引き	拔河	19
ときょうそう	徒競走	赛跑	19
リレー		接力赛	19
こうはく	紅白	红白	19
チーム		队；组	19
きそう	競う	竞争	19
おおいに	大いに	大，甚	19
もりあがる	盛りあがる	高涨，热烈	19
きょうりょくする	協力する	协助	19
そだてる	育てる	培育	19
ゆうれつ	優劣	优劣	19
ちいきぐるみ	地域ぐるみ	全地区	19
ゆしゅつする	輸出する	输出	19
しょうちする	承知する	知道	19

第20課　北海道

パスポート		护照	20
ツアー		旅行	20
めいしょきゅうせき	名所旧跡	名胜古迹	20
こうくうけん	航空券	机票	20
しま	縞	条纹	20
たて	縦	竖	20
てんきん	転勤	调动工作	20
じむしょ	事務所	事务所	20

かんこう	観光	观光	20
ながめる	眺める	远眺	20
タワー		塔	20
みそしる	味噌汁	大酱汤	20
イルミネーション		彩灯,灯光装饰	20
まどぎわ	窓際	窗边	20
よごれる	汚れる	弄脏	20
きたない	汚い	肮脏	20
きたぐに	北国	北国	20
たび	旅	旅行	20
よんはくいつか	四泊五日	四晚五天	20
ゆきまつり	雪まつり	冰雪节	20
えいが	映画	电影	20
ロケちめぐり	ロケ地巡り	巡游实景拍摄	20
ちょうこく	彫刻	雕刻	20
さくひん	作品	作品	20
おどろく	驚く	吃惊	20
ぶたい	舞台	舞台	20
さつえい	撮影	摄影	20
りょうしん	両親	父母	20
あんないする	案内する	带路	20
しょにち	初日	初日,第一天	20
レンタカー		租用汽车	20
あさひやまどうぶつえん	旭山動物園	旭山动物园	20
かんさつする	観察する	观察	20
おたる	小樽	小樽(市)	20
キャンドル		蜡烛	20
まちなみ	街並み	街景	20
てらす	照らす	照耀;对照	20
こおり	氷	冰	20
さっぽろ	札幌	札幌	20
せつぶん	節分	立春前一天	
おに	鬼	鬼怪	

ふく	福	幸福	
かけごえ	掛け声	吶喊声	
だいず	大豆	大豆	
まく	撒く	撒,播	
くべつする	区別する	区別	
せけん	世間	世上	
しあわせ	幸せ	幸福	
なくなる		丢失,尽	
ちいき	地域	地域	
どくとく	独特	独特	
むらいしき	村意識	乡村意识	
あらわれ	表れ	表现	
つまらない		没有价值的	20
かんびょう	看病	护理病人	20

第21課　日本の学校教育

トラック		卡车	21
おそば		荞麦面	21
はこぶ	運ぶ	搬	21
がくしゅう	学習	学习	21
たな	棚	架子	21
コーナー		角落	21
まんタン	満タン	灌满油箱	21
ガラス		玻璃	21
ふく	拭く	擦,摸	21
ガソリンスタンド		加油站	21
データ		数据	21
ぶんせき	分析	分析	21
アレルギー		过敏症	21
くしゃみ		喷嚏	21
かゆい	痒い	痒的	21
さっそく	早速	立刻,赶紧	21
バーゲンセール		大减价	21

ダウンジャケット		羽绒服	21
うりきれ	売り切れ	售完	21
スタイル		风格	21
おとく	お得	赚,值得	21
かんとう	関東	关东	21
こい	濃い	深的	21
かんさい	関西	关西	21
いきぬき	息抜き	间歇,歇口气	21
うすあじ	薄味	味道清淡	21
さっぱり		凉爽,清淡	21
しおあじ	塩味	咸味	21
こうりつ	公立	公立	21
ゆとり		宽松	21
のびのび		轻松愉快	21
じどうせいと	児童生徒	学生;儿童	21
がくりょく	学力	学力	21
だつゆとり	脱ゆとり	脱离宽松	21
トイレ		厕所	21
うんえい	運営	运营	21
がくれき	学歴	学历	21
しんがく	進学	升学	21
けいこう	傾向	倾向	21
こうじょう	向上	向上,进步	21
かけい	家計	生计	21
しめる	占める	占据	21
わりあい	割合	比例	21
かくさ	格差	差距	21
けんちょ	顕著	显著	21
ぎのう	技能	技能	21
じんかく	人格	人格	21
リサイクル		再循环,回收	21
じっせん	実践	实践	21
さゆうする	左右する	左右	21

よびこう	予備校	补习学校	21
じゅく	塾	补习班	21
ふたん	負担	负担	21
いじめ		欺负	21
ふとうこう	不登校	不上学	21
しんこく	深刻	深刻	21
うわさ		谣言	21
ストーリー		故事	21
てんらんかい	展覧会	展览会	21
えんげき	演劇	戏剧	21
バック		背景	21

第22課　お正月

しちごさん	七五三	七五三（日本节日）	22
つきみ	月見	赏月	22
もみじがり	もみじ狩り	赏红叶	22
はんぶん	半分	一半	22
おりすじ	折り筋	折痕	22
ふち		边缘	22
ちゅうしん	中心	中心	22
かたほう	片方	一方	22
てまえ	手前	跟前	22
しるし	印	符号	22
えり	襟	领子,后颈	22
さしこむ	差し込む	插入	22
できあがり		完成	22
せつび	設備	设备	22
とりあえず	取り敢えず	首先,姑且	22
こうよう	紅葉	红叶	22
すがすがしい		清爽	22
くらべる	比べる	比较	22
きになる	気になる	介意,在意	22
いなか	田舎	乡下	22

むしろ		宁可,与其…倒不如…	22
なれ	慣れ	习惯	22
いそぐ	急ぐ	赶紧	22
このみ	木の実	果实	22
ごちそうさま	ご馳走さま	多谢款待	22
めしあがる	召し上がる	吃,喝的敬语	22
ただいま		刚刚	22
ふらふら		摇摆不定;软弱无力	22
リフォーム		改,翻新	22
こうじぎょうしゃ	工事業者	施工业者	22
たちいりきんし	立ち入り禁止	禁止入内	22
てんじょう	天井	天花板	22
あまもり	雨漏り	漏雨	22
とくせつ	特設	特别设置	22
むかえび	迎え火	迎魂火	22
まんせき	満席	满座	22
きせい	帰省	回乡探亲	22
じゅうたい	渋滞	停滞不前	22
とうろうながし	灯篭流し	水上灯笼	22
ともす	灯す	点灯	22
そなえもの	供え物	供品	22
けい	計	计划	22
がんたん	元旦	元旦	22
ことわざ	諺	谚语	22
おおみそか	大晦日	除夕	22
じょや	除夜	除夕	22
かね	鐘	钟	22
じいん	寺院	寺院	22
しんしん	心身	身心	22
なやます	悩ます	使苦恼	22
ぼんのう	煩悩	烦恼	22
のぞく	除く	去除	22
すくう	救う	拯救	22

もとづく	基づく	根据,以…为基础	22
おせちりょうり	おせち料理	年节菜	22
はつもうで	初詣	新年后首次参拜	22
おみくじ		神签	22
ねんがじょう	年賀状	贺年卡	22
どうりょう	同僚	同事	22
シュート		射门	22
うすい	薄い	薄的	22
ける	蹴る	踢	22
グラウンド		运动场	22

第23課　日本の祝日

こたつ		被炉	23
みかん		橘子	23
ふぶき	吹雪	暴风雪	23
セーター		毛衣	23
ストーブ		暖炉	23
しんせいひん	新製品	新产品	23
デッキ		磁带驱动器	23
リモコン		遥控器	23
でんげん	電源	电源	23
ばんぐみひょう	番組表	节目表	23
おす	押す	按	23
やじるし	矢印	箭头符号	23
ろくが	録画	录像	23
けってい	決定	决定	23
ワイシャツ		衬衫	23
ピチピチ		绷得紧紧的	23
ボタン		纽扣	23
ボサボサ		头发蓬乱	23
だらしない		邋遢的	23
よみおわる	読み終わる	读完	23
かぎをかける	鍵をかける	上锁	23

ひなまつり	ひな祭り	女儿节	23
たんご	端午	端午	23
せっく	節句	节供；传统民间节日	23
せつぶん	節分	节分	23
ひとりっこ	一人っ子	独生子女	23
ともばたらき	共働き	双职工	23
かじ	家事	家务	23
のぞむ	望む	希望	23
もんぶかがくしょう	文部科学省	文部科学省	23
ぎょうせいきかん	行政機関	行政机关	23
へいわ	平和	和平	23
せいてい	制定	制定	23
がくえんさい	学園祭	学园祭	23
ぶんかさい	文化祭	文化祭	23
がくげいさい	学芸会	学艺会	23
きかくてん	企画展	计划展示会	23
まちじゅう	町中	市内,街里	23
げいじゅつ	芸術	艺术	23
もよおしもの	催し物	纪念活动	23
ぶんかくんしょう	文化勲章	文化勋章	23
じゅよ	授与	授予	23
こうけん	貢献	贡献	23
たたえる	称える	称赞	23
こうろう	功労	功劳	23
もよおす	催す	举办,主办	23
せんしんこく	先進国	先进国家	23
つうじる	通じる	通行	23
さいた	最多	最多	23
いがい	意外	意外	23
いちめん	一面	一面	23
かみがた	髪型	发型	23
きいろい	黄色い	黄色的	23
ロケット		火箭	23

第 24 課　コインランドリー

きまえがいい	気前がいい	大方	24
のんびり		悠闲地	24
おとなしい		温顺的；不花哨的	24
おしゃべり		健谈	24
わがまま		任性的	24
ゆうはん	夕飯	晚饭	24
おつかい	お使い	雇用；使唤	24
にくや	肉屋	肉店	24
とりにく	鶏肉	鸡肉	24
こしょう		胡椒	24
むく	向く	朝着	24
ふる	振る	挥	24
やっぱり		果然	24
おうふく	往復	来回	24
ホテルだい	ホテル代	旅馆费用	24
プラス		加上	24
ほけん	保険	保险	24
ひよう	費用	费用	24
スケジュール		日程安排	24
しりょう	資料	资料	24
してつ	私鉄	私铁，民营铁路	24
ひがい	被害	受害	24
ほうどうする	報道する	报道	24
とおりみち	通り道	经过的路	24
いちする	位置する	位置；位于	24
きせつはずれ	季節外れ	季节性变异	24
えほん	絵本	图画书	24
ぽろぽろ		干巴巴；扑簌簌	24
オノマトペ		拟声词	24
おかげさまで	おかげ様で	托您的福	24
ほめる	褒める	表扬	24
メリット		功绩；价值	24

ほす	干す	晒干	24
すむ	済む	解决	24
ふとん	布団	被子	24
カーテン		窗帘	24
かわく	乾く	干	24
くさる	腐る	腐烂；腐朽	24
どくしん	独身	独身	24
よなか	夜中	深夜	24
かふんしょう	花粉症	花粉症	24
しゅふ	主婦	主妇	24
ひろがる	広がる	扩大	24
よごれおち	汚れ落ち	清洗	24
デメリット		短处	24
さぎょう	作業	作业，操作	24
とうにゅうする	投入する	投入	24
じさんする	持参する	自备	24
スマホ		手机	24
そなえつける	備え付ける	配备	24
いじる		摆弄，玩弄	24
こがい	戸外	户外	24
こうがい	郊外	郊外	24
もうける	設ける	设立，制定	24

第25課　情報化社会

かどまつ	門松	门松	25
おとしだま	お年玉	压岁钱	25
ふくぶくろ	福袋	幸运袋	25
おとそ	お屠蘇	屠苏酒	25
たいそう	体操	体操	25
せのび	背伸び	伸懒腰	25
おろす	下ろす	放下	25
のばす	伸ばす	伸开；增长	25
こし	腰	腰	25

かがむ	屈む	弯腰	25
いんさつ	印刷	印刷	25
うりだす	売り出す	卖出	25
うれゆき	売れ行き	销路	25
はへん	破片	碎片	25
われる	割れる	破,碎	25
おそらく	恐らく	恐怕	25
ゆうやけ	夕焼け	晚霞,夕照	25
じきゅう	時給	计时工资	25
わりに		比较地	25
でいりきん	出入金	出入金	25
オンライン		连线	25
バーコード		条形码	25
けいさん	計算	计算	25
うりあげ	売り上げ	销售金额	25
ざいこ	在庫	库存	25
じゅんじ	瞬時	瞬时	25
スマートフォン		智能手机	25
きゅうぞう	急増	急速增长	25
ネットワーク		互联网	25
せいべつ	性別	性别	25
こくせき	国籍	国籍	25
せいやく	制約	制约	25
こえる	超える	超出;超越	25
せつぞくする	接続する	连结	25
しゅうごうたい	集合体	聚合物	25
しゅうしゅう	収集	收集	25
はっしん	発信	发信	25
あらゆる		所有的	25
そうむしょう	総務省	总务省	25
ちょうさ	調査	调查	25
ひやくてき	飛躍的	飞跃的	25
しょゆうする	所有する	所有	25

いぞんする	依存する	依存,依靠	25
りゅうしゅつ	流出	流出；流失	25
してきする	指摘する	指摘,指出	25
からっと		晴朗朗	25
かんこんそうさい	冠婚葬祭	婚葬等人生礼仪	25
せいじんしき	成人式	成人节	25
けっこんしき	結婚式	婚礼	25
おそうしき	お葬式	葬礼	25
ぎしき	儀式	仪式	25
けいじ	慶事	喜事	25
ちょうじ	弔事	丧事	25
そうりつ	創立	创立	25
きねん	記念	纪念	25
しきてん	式典	典礼	25
ごようはじめ	御用始め	年初开始办公	25

第26課　若者のファッション

むす	蒸す	蒸	26
あげる	揚げる	炸	26
たく	炊く	烧	26
にる	煮る	煮	26
いためる	炒める	炒	26
やく	焼く	烤	26
みそに	味噌煮	酱煮	26
したごしらえ	下ごしらえ	事先准备	26
たす	足す	添加	26
にたつ	煮立つ	煮开	26
ちゅうび	中火	中火	26
ためす	試す	尝试	26
せんげつ	先月	上个月	26
じょうだん	冗談	笑话,玩话	26
まじめ	真面目	认真	26
ゆうこう	有効	有效	26

かくほする	確保する	确保	26
ねむい	眠い	困,犯困	26
でんきや	電気屋	电器商店	26
かかく	価格	价格	26
おそらく	恐らく	恐怕	26
ハロウィン		万圣节	26
キャラクター		人物图案商品	26
かっこう	恰好	装扮	26
コスプレ		扮装（装扮成动漫等角色）	26
こせいてき	個性的	个性	26
たさい	多彩	色彩缤纷	26
あつで	厚手	较厚的	26
わた	綿	棉,丝绵	26
かさねる	重ねる	重叠	26
きせつかん	季節感	季节感	26
センス		灵感	26
しゅりゅう	主流	主流	26
このむ	好む	喜欢,希望	26
とう	問う	提出疑问	26
ツール		工具	26
えんしゅつ	演出	演出	26
かちかん	価値観	价值观	26
はっそう	発想	主意,想法	26
きのう	機能	功能	26
つよまる	強まる	增强	26
みとめる	認める	承认	26
ていかかく	低価格	低价格	26
いりょうひん	衣料品	衣料品	26
たいりょう	大量	大量	26
はんばいする	販売する	买卖	26
はらじゅく	原宿	原宿	26
タグ		标签	26
しんぴん	新品	新品	26

ふるぎ	古着	旧衣服	26
ワンサイズ		均码	26
こうにゅうする	購入する	买入	26
こだわる	拘る	拘泥；讲究	26
うってつけ		适当，恰当	26
アウトレット		打折，折扣	26
モール		商业街	26
カーネーション		康乃馨	26
クッキー		甜饼干	26
めんどう	面倒	麻烦	26
ハンカチ		手帕	26

第27課　ポップカルチャー

ほんだな	本棚	书架	27
けんさく	検索	检索	27
いちおう	一応	姑且，一次	27
けんきゅう	研究	研究	27
りょかん	旅館	旅馆	27
もくてき	目的	目的	27
ベンツ		奔驰牌轿车	27
ずいぶん		相当，非常	27
おく	奥	里面	27
アイドル		偶像	27
かし	歌詞	歌词	27
ひびく	響く	回响	27
さいこう	最高	最好，杰出	27
スポーティー		便于活动的	27
こうれい	高齢	高龄	27
みかける	見かける	看到；发现	27
きっかけ		契机	27
どうりで		怪不得，诚然	27
おぼえる	覚える	感觉；记住	27
さすが		的确，到底还是	27

おおすもう	大相撲	大相扑	27
プロやきゅう	プロ野球	职业棒球（队）	27
こくぎ	国技	传统体育项目	27
ファン		狂热爱好者,迷	27
ねづよい	根強い	根生蒂固的	27
ほうえい	放映	放映	27
かつやく	活躍	活跃	27
ちゅうけい	中継	转播	27
かんせん	観戦	看比赛	27
アマチュア		业余爱好者	27
こうしえん	甲子園	甲子园（地名）	27
ラグビー		橄榄球	27
ワールドカップ		世界杯（足球赛）	27
かいさい	開催	举办	27
きょうみ	興味	兴趣	27
つながる	繋がる	连接	27
たいしゅう	大衆	大众	27
あいこうする	愛好する	爱好	27
ちゅうもく	注目	注目	27
まと		把子；目标	27
たかく	多角	多方面	27
ファッションショー		时装表演	27
コンテスト		竞赛	27
ロサンゼロス		洛杉矶	27
エキスポ		博览会	27
メイクアップ		化妆；组成	27
そうかん	創刊	创刊	27
しょどう	書道	书法	27
ぶどう	武道	武道	27
フェスティバル		节日,祭典	27
つとめる	努める	努力	27
ちゅうかんしけん	中間試験	期中考试	27
こうとうしけん	口頭試験	口试	27

ひっきしけん	筆記試験	笔试	27

第28課　卒業式

ラッシュ		交通高峰	28
ぶちょう	部長	部长	28
かいしょく	会食	聚餐	28
げんこう	原稿	原稿	28
めをとおす	目を通す	过目	28
くじょう	苦情	抱怨	28
とこ	床	床铺,衬垫	28
ろ	炉	炉子	28
やぐら	櫓	脚炉木架	28
でんきしき	電気式	用电的	28
ゆかた	浴衣	（日式）浴衣	28
にあう	似合う	合适,般配	28
ぐっすり		酣然,熟睡状	28
ひんぱんに	頻繁に	频繁地	28
いちごいちえ	一期一会	一生仅此一会	28
しつもん	質問	提问	28
かいご	介護	看护,介护	28
バーベキュー		烧烤	28
おんし	恩師	恩师	28
しょうらい	将来	将来	28
しんろ	進路	将来发展方向	28
～ねんぶり	～年ぶり	时隔～年	28
さいかい	再会	重逢	28
ていねんたいしょく	定年退職	退休	28
すがた	姿	姿态,样子	28
むかしのまま	昔のまま	依旧	28
しんみ	親身	亲密	28
ほうこく	報告	报告	28
きょうし	教師	教师	28
おもいだす	思い出す	回忆起	28

あちらこちら		各处	28
ざいせいじょう	財政上	财政方面	28
かいけい	会計	会计	28
ねんど	年度	年度	28
しゃおんかい	謝恩会	谢恩会,谢师宴	28
せおう	背負う	背负;承担	28
しんちょうする	新調する	新制,新置办	28
しんにゅうしゃいん	新入社員	新进的职工	28
フレッシュマン		新人	28
へいじつ	平日	平日;工作日	28
しょうしか	少子化	少子化	28
もったいない		过分(好)的	28

第29課　企業文化

ふんか	噴火	(火山)喷发	29
かさいりゅう	火砕流	火山碎屑流	29
じすべり	地滑り	滑坡	29
かんばつ	干ばつ	干旱	29
ハリケーン		飓风	29
こいびと	恋人	恋人	29
きせつ	季節	季节	29
ロマンチック		浪漫的	29
しゅじんこう	主人公	主人公	29
こんやくしゃ	婚約者	未婚妻(夫)	29
べんとうや	弁当屋	便当店	29
できたて	出来立て	刚做好的	29
あまえる	甘える	任性;撒娇	29
てんしょくする	転職する	改行	29
きんむ	勤務	工作	29
たんしんふにん	単身赴任	单身赴任	29
げんしょう	現象	现象	29
かてい	家庭	家庭	29
せんたく	選択	选择	29

さいだい	最大	最大	29
たいしょう	対象	对象	29
てんこう	転校	转校	29
にゅうし	入試	考试	29
ふり	不利	不利	29
くらす	暮らす	生活	29
こよう	雇用	雇用	29
かかわる	関わる	有关系	29
ふうふ	夫婦	夫妻	29
ありかた	あり方	应有的状态	
かんたん	簡単	简单	29
かつて		曾经	29
ねんこうじょれつ	年功序列	年功序列	29
しゅうしんこよう	終身雇用	终身雇佣	29
きずく	築く	构建,建筑	29
えんかつ	円滑	圆滑	29
おもんじる	重んじる	看重,重视	29
あたりまえ	当たり前	当然	29
バブル		泡沫	29
けいき	景気	景气	29
ほうかい	崩壊	崩溃	29
おうべいがた	欧米型	欧美型	29
じつりょくしゅぎ	実力主義	实力主义	29
さいよう	採用	录用,采用	29
だいそつ	大卒	大学毕业	29
ちゅうと	中途	中间,半途	
ふけいき	不景気	不景气	
そだてあげる	育て上げる	培养成人	
パート		打工,兼职	29
サイレント		沉默	29
スマイル		微笑	29
ちゃくよう	着用	穿(衣服);佩戴	29
ちょうれい	朝礼	早会	29

とりいれる	取り入れる	收进；引进	29
ていぼう	堤防	堤坝	29
つなみ	津波	海啸	29

第30课　日本の家庭

コンパ		联欢会	30
けんしゅう	研修	研修	30
たいがくさい	大学祭	大学活动节	30
にじしけん	二次試験	复试	30
かいじょう	会場	会场	30
まちあいしつ	待合室	等待室	30
アンケート		民意测验	30
じゅけん	受験	考试	30
いどう	移動	移动	30
かいさつぐち	改札口	检票口	30
まちあわせる	待ち合せる	等待；会面	30
ミュール		拖鞋	30
いくじ	育児	育儿	30
せんねん	専念	专心致志	30
やめる	辞める	辞职	30
たいき	待機	待机	30
ほいくえん	保育園	保育园	30
ゼロ		零	30
めざす	目指す	以～为目标	30
うむ	産む	产，分娩	30
おさえる	抑える	抑制	30
グローバル		全球	30
やくにたつ	役に立つ	起作用	30
つかいこなす	使いこなす	熟练使用	30
そうごうてき	総合的	综合的	30
しつけ		教养	30
わだい	話題	话题	30
おうべい	欧米	欧美	30

ベビーシッター		代人照看婴儿者	30
ようじ	幼児	幼儿	30
あまやかす	甘やかす	娇养	30
せいちょう	成長	成长	30
ちがう	違う	不同	30
きほん	基本	基本	30
そだつ	育つ	培育	30
えいきょう	影響	影响	30
あたえる	与える	给予	30
せんぎょう	専業	专业	30
ちょうないかい	町内会	町内会	30
ていめい	低迷	低迷	30
パートタイマー		计时工,短工	30
かくかぞく	核家族	核家族	30
ていちゃくする	定着する	固定,扎根	30
ばんこんか	晩婚化	晩婚化	30
みこんか	未婚化	未婚化	30
どうきょする	同居する	同住	30
めんどうをみる	面倒を見る	照料,照顾	30
えどじだい	江戸時代	江戸时代	30
しきさい	色彩	色彩	30
シルクせい	シルク製	丝绸织品	30
はれのば	晴れの場	豪华的聚会	30
もめん	木綿	棉布	30
ねまき	寝巻き	睡衣	30